HEYNE BIOGRAPHIEN

Zur Autorin

LISA APPIGNANESI ist Deputy Director des Instituts für zeitgenössische Kunst und Herausgeberin der ›Dokumente‹-Serie. Sie hat eine Reihe von Büchern veröffentlicht, darunter eine Studie über das Weibliche in den Werken von Henry James, Marcel Proust und Robert Musil, ferner ein Sachbuch über die Geschichte des Kabaretts. Sie wurde in Polen geboren, wuchs in Frankreich und Kanada auf und lebt heute in London.

Lisa Appignanesi

SIMONE DE BEAUVOIR

Eine Frau, die die Welt veränderte

Deutsche Erstausgabe

Wilhelm Heyne Verlag
München

HEYNE BIOGRAPHIE
12/184

Titel der amerikanischen Originalausgabe

Simone de Beauvoir

Deutsche Übersetzung von Sonja Hauser

Printed in Germany 1989
Umschlagfoto: Pandis Media, München
Innenbilder: Pandis Media, München; Keystone, Hamburg;
Ullstein Bilderdienst, Berlin; Archiv für Kunst und Geschichte, Berlin
Umschlaggestaltung: Atelier Ingrid Schütz, München
Satz: Kort Satz GmbH, München
Druck und Bindung: RMO, München

ISBN 3-453-03531-3

Inhalt

Für John, Joshua und Katrina

Vorbemerkung

Die deutschen Übersetzungen aus Simone de Beauvoirs Werken folgen im allgemeinen den Ausgaben des Rowohlt Taschenbuch Verlages.

Die ersten beiden Teile der Auswahlbibliographie sind der Biographie von Claude Francis/Fernande Gontier aus dem Rowohlt Taschenbuch Verlag entnommen.

Versehen der Autorin wurden stillschweigend korrigiert, Zitate durch Fußnoten ausgewiesen und bibliographische Angaben präzisiert, alles allerdings ohne Anspruch auf Vollständigkeit.

S. H.

Vorwort

Es ist ein fast aussichtsloses Unterfangen, in einem *kurzen* Porträt Leben und Werk einer Frau darzustellen, die selbst um die 2000 Seiten darauf verwendet hat. Ich habe versucht, die Atmosphäre des einzigartigen Lebens von Simone de Beauvoir einzufangen, ihre Umsicht und ihren scharfen Verstand spürbar zu machen und einige Aspekte ihrer wichtigsten Bücher herauszuarbeiten. Nichts davon kann natürlich eine Lektüre ihres Werks ersetzen. Simone de Beauvoir mehr als irgend jemandem sonst schulde ich Dank.

Viele andere haben mir bei der Entstehung dieses Buches geholfen. Margaret Walters' Wissen über Simone de Beauvoir regte mein Interesse an ihr vor einigen Jahren von neuem an. Gespräche mit Ronald Hayman wie auch die Lektüre der neuesten, oft höchst kritischen feministischen Untersuchungen halfen mir bei der Formulierung meiner Gedanken. Emma Tennant und Tony Lacey boten mir ihre Unterstützung und Ermutigung, als ich sie am dringendsten benötigte. Und vor allen Dingen John Forrester hat mir dieses Buch ermöglicht. Er schenkte mir Zeit, wenn ich sie brauchte, hörte geduldig und verständnisvoll meinen endlosen Tiraden zu, war den Kindern gegenüber geduldig und las schließlich noch diese Seiten mit kritischem Blick. Ihm schulde ich mehr als nur ein Dankeschön.

1

Die Tochter aus gutem Hause

Ich wußte schon eine ganze Menge über Simone de Beauvoir, bevor ich noch ein einziges ihrer Bücher gelesen hatte. Ihr Name war in den verschneiten Weiten Kanadas in den sechziger Jahren bereits eine Legende. Ich wußte, daß sie das war, was so viele sein wollten: eine unabhängige Frau. Außerdem wußte ich von ihren Erfolgen als Schriftstellerin, wußte, daß sie als Intellektuelle den Schlüssel zu Paris in der Hand hielt – jener magischen Stadt über dem großen Teich, jenem Schmelztiegel der Kultur im zwanzigsten Jahrhundert. Ich stellte sie mir als kultivierte Dreißigjährige in existentialistisch-schwarzer Kleidung vor (die Farbe war mir um einiges vertrauter als die Philosophie), die sich mit gezücktem Stift und Notizbuch die Tage und Nächte in Cafés und Klubs vertrieb. Ich beneidete sie damals zutiefst um ihr Leben.

Den letzten mythischen Glanz verlieh dieses Leben Simone de Beauvoirs Beziehung mit dem berühmten Philosophen Jean-Paul Sartre. Sie waren die Lauren Bacall und der Humphrey Bogart der intellektuellen Welt, Partner in einer herrlich modernen Liebesgeschichte. Simone de Beauvoir und Jean-Paul Sartre waren durch ein unauflösliches Band, durch ihre völlige intellektuelle Harmonie, miteinander vereint. Trotzdem waren sie nicht verheiratet und ließen einander die Freiheit, so viele »kontingente« Beziehungen einzugehen, wie sie wollten. In der anti-intellektuellen, auf die Ehe gerichteten Moral des kleinstädtischen Kanada suchte diese Verbindung ihresgleichen, besonders in den Augen einer büchernärrischen Heranwachsenden, die unbedingt anders sein wollte als alle anderen.

Die Aura, mit der Simone de Beauvoirs Leben für mich umgeben war, verblaßte auch nicht, als ich ihre Werke zu lesen begann. *Le deuxième Sexe (Das andere Geschlecht)* war das erste ihrer Bücher, durch das ich mich arbeitete. Während ich Seite um Seite des dicken Bandes umblätterte, fiel es mir wie Schuppen von den Augen. Hier hatte ich eine erschreckend hellsichtige Darstellung der Lage der Frau vor mir. – *Meiner* Lage, meines Daseins als grundsätzlich von der alles beherrschenden, männlichen Norm Abweichende. Ich war beseelt von dem Wunsch, es Simone de Beauvoir gleichzutun. Jahre später wurde die Weiblichkeit dann schließlich das zentrale Thema meiner Abschlußarbeit an der Universität.

Für die Frauen meiner Generation wurde Simone de Beauvoir so etwas wie eine idealisierte Mutter. Sie wollte keine eigenen Kinder, schenkte dafür aber einer Bewegung das Leben, deren Programm sie in *Le deuxième Sexe* darstellte. Aber die Töchter müssen nun einmal aufbegehren und die guten Mütter zu schlechten machen, wenn sie erwachsen werden. Für mich ging es dabei anfangs nur darum, mir ein wenig Freiraum zum Atmen zu schaffen. Simone des Beauvoirs allwissend-rationale Welt, die Autorität und moralische Strenge ihrer Formulierungen ließ keinen Raum für trübe Verwirrung, unbeeinflußbare Umstände und die Irrationalität des täglichen Lebens. Sie schien behaupten zu wollen, daß alles, was man erreichte, einfach eine Frage des individuellen Willens war.

Außerdem klang Simone de Beauvoirs Annahme, daß das Männliche die absolute Verkörperung des Menschen darstelle, nach dem die Frauen streben sollten, wie sie in *Le deuxième Sexe* schrieb, damals wie eine Kapitulation. – In jenen frühen Tagen der Frauenbewegung, in denen wir alle noch voller Begeisterung steckten und in denen so viele von uns damit beschäftigt waren, die Andersartigkeit und Unabhängigkeit unseres Geschlechts zu entdecken und zu verfechten! Warum sollten wir Frauen unsere Weiblichkeit aufgeben und uns nach dem Bilde aufgeklärter Männlichkeit ausrichten, wenn es doch so viel besser wäre, statt dessen unsere ganze Kultur neu zu gestalten?

Und dann kam der schwerste Schlag. Jenes unerreichbare Vorbild war auch nur ein Mensch mit ganz irdischen Schwächen. Als ich die umfangreiche Biographie von de Beauvoir las, wurden mir verschiedene Dinge klar: Sie betrachtete nicht nur ihre Beziehung zu Jean-Paul Sartre als größte Errungenschaft ihres Lebens und ihn als ihr intellektuell überlegen (beides hätte ich ihr noch nachsehen können), nein, es stellte sich auch heraus, daß er in dieser lebenslangen Gemeinschaft Gleichberechtigter der Gleichberechtigtere von beiden war. Denn schließlich war er es, der zahllose Affären begann, während sie ihrerseits nur einige wenige leidenschaftliche Verhältnisse hatte, die länger andauerten. Und es kommt noch schlimmer: Zwischen den Zeilen ihrer Autobiographie war ganz deutlich zu lesen, daß de Beauvoir unter heftiger Eifersucht litt. Aber diese scheinbar ehrlichste und scharfsinnigste aller Frauen sparte diese Frage lieber aus, um so die nähere Erforschung irrationaler Anwandlungen zu umgehen und das Bild eines beispielhaften Lebens aufrechtzuerhalten.

Als ich dann im Zuge der Vorarbeiten zu dem vorliegenden Buch Simone de Beauvoirs Werk noch einmal las, vertieften sich meine zwiespältigen Gefühle gegenüber ihr und meinem eigenen Unterfangen durch meine eigene Schwangerschaft. Es wirkte wie die sprichwörtliche Ironie des Schicksals auf mich, daß ich gerade zu jener Zeit ein Buch über eine Frau schrieb, die Kinder so bewußt aus ihrer Welt verbannt hatte und die Mutterschaft als wesentlichen Faktor in der Unterdrückung der Frau sah. Aber als ich ihr bemerkenswertes Œuvre und die verschiedenen neueren Bücher über sie las, die sie wegen ihres Elitedenkens, ihres Mangels an angemessen feministischen Bekenntnissen und ihrer generalisierenden Aussagen kritisierten, stellte ich fest, daß ich nun endlich das Alter erreicht hatte, in dem ich die guten wie die schlechten Seiten Simone de Beauvoirs akzeptieren konnte. Mehr als das: Ich war voll Bewunderung für ihre Intelligenz, ihre Aufrichtigkeit und Energie. Ich war bereit, sie zu verteidigen.

Anders als bei so vielen Schriftstellern ist Simone de Beauvoirs Leben genauso öffentlich wie ihre Werke, und die Reaktionen darauf sind ebenso wichtig wie ihre Schriften. Sartre baute seine Philosophie um den Gedanken herum auf, daß das Dasein ständig neu zu gestalten sei, während bei Simone de Beauvoir das Leben selbst zu ihrer beispielhaften Lehre wurde. Auf den ersten Blick erscheint ein biographisches Porträt über sie recht leicht. Das Leben Simone de Beauvoirs durchdringt ihre Schriften – Fiktion, Essays und Autobiographie gleichermaßen –, und ihr Werk ist gleichzeitig so etwas wie ein Konzentrat ihres Lebens. Während ich das vorliegende Buch schreibe, stelle ich fest, wie ich mich unweigerlich und fast unmerklich vom einen zum andern bewege. Und dennoch ist es alles andere als leicht, eine Biographie über sie zu verfassen. Simone ist so allgegenwärtig, daß sie schon wieder schwer zu fassen ist. Leben und Werk sind bei ihr fast nicht mehr zu unterscheiden: Wie soll man jenes Konstrukt eines Lebens, das sich aus ihrem Werk herauskristallisieren läßt, von ihrer tatsächlichen Lebenserfahrung trennen? Gibt es eine Simone de Beauvoir, die anders ist als das öffentliche, beherrschte Bild, das sie so geschickt nach außen hin zeigte? Ich meine, daß sich Spuren ihres wahren Ich finden lassen. In gewisser Hinsicht machen der Schmerz und die Schwierigkeiten der Simone, die die de Beauvoir herunterzuspielen versucht, die Darstellung ihres Lebens zu einem noch beeindrukkenderen Projekt.

Simone de Beauvoir besaß unbezähmbare und unerschöpfliche Energie sowie jene seltene Art der Intelligenz, die sie ewig jung und im Lauf der Zeit nur noch radikaler erscheinen ließ. 1968, als sie sechzig Jahre alt war, standen sie und Sartre noch immer an Straßenecken und verkauften revolutionäre Schriften. Als sie ein paar Jahre später für die Abtreibung und die Rechte der Frau demonstrierte, schien sie die Kluft zwischen den Generationen überbrückt zu haben und eine Frau meiner Zeit geworden zu sein.

Simone de Beauvoirs prägende Erfahrungen gehören jedoch einer Epoche an, deren moralische und intellektuelle Richtlinien sich von denen der unseren unterscheiden. Jene Zeit hinterließ in ihr ein unauslöschliches Gefühl für Schicklichkeit, eine strenge Form der Rede und Haltung sowie einen Glauben an die Möglichkeiten des Menschen und den Wert des Schreibens. Wenn wir sie im Rahmen ihrer eigenen Zeit betrachten, wirken ihre Schwächen verständlicher und ihre Leistung, nämlich ihre Fähigkeit, auch noch nachfolgende Generationen anzusprechen, um so bemerkenswerter.

Simone de Beauvoir wurde am 9. Januar 1908 in Montparnasse geboren, jenem Viertel von Paris, in dem sie abgesehen von fünf Jahren ihr ganzes Leben verbrachte. Vom Fenster der bescheidenen Familienwohnung über dem bald schon berühmten Café de la Rotonde aus betrachtete die kleine Simone – bereits damals eine unermüdliche Beobachterin der Weltbühne – das bunte Treiben in einem Viertel, das gerade dabei war, sich zu verändern. Das Dorf wandelte sich zur Stadt. Überall machten Abbruchfirmen den Bauunternehmen Konkurrenz, und die Straßen hallten wider von Rufen der Hausierer, dem Gebimmel der Straßenbahnen und dem Geschrei der Esel und Ziegen, die zum Weiden in den Jardin du Luxembourg getrieben wurden.

Simone als Baby 1908; von links nach rechts: Vater, Großvater, Tante, Mutter, Onkel.

Simones große Familie gehörte dem wohlhabenden Bürgertum an, in dem bestimmte moralische und gesellschaftliche Regeln galten. Von den Mädchen erwartete man, daß sie einen Partner aus derselben Schicht heirateten. Bis zur Ehe blieben sie keusch und gingen von der Obhut und Befehlsgewalt ihrer Eltern direkt in die ihres Ehemannes über, ohne sich auf unschickliche Weise aus dem Kreis der entsprechenden Familien herauszubewegen. Bedienstete, Stadtwohnungen und Sommer auf dem Lande – all das war selbstverständlich.

Simones Geburt fiel in etwa mit dem Niedergang ihrer Familie zusammen. Ihr Großvater mütterlicherseits, ein wohlhabender Bankier aus Verdun, der gerne spekulierte, mußte den Bankrott erklären und wurde verhaftet. Der Skandal, der in jener Zeit viktorianischer Achtbarkeit unweigerlich folgen mußte, nahm beträchtliche Ausmaße an, und Simones Mutter empfand die Affäre als einschneidenden Ehrverlust. Sie brach nicht nur jegliche Verbindung zu ihren früheren Bekannten ab, sondern fühlte sich auch den Rest ihres Lebens gegenüber Simones Vater schuldig: Schließlich wurde ihre Mitgift nie an ihn ausbezahlt.

Bereits davor hatte Simones Mutter Françoise Brasseur zwei emotionale Schocks erlitten. Simone schreibt in *Une Mort très douce (Ein sanfter Tod),* dem bewegenden Buch über ihre späte Versöhnung mit ihrer Mutter, daß Françoise Brasseur eine unglückliche Kindheit gehabt habe. Ihre eigene Mutter habe sich nie für ihre Kinder interessiert, während ihr Vater eine deutliche Vorliebe für ihre jüngere Schwester gezeigt habe. So genoß also Simone als ältere Tochter das zweifelhafte Vergnügen, zum Zentrum der Aufmerksamkeit und hohen Erwartungen ihrer Mutter zu werden.

Françoise Brasseur erlitt noch eine weitere Enttäuschung. Der Cousin, mit dem sie so gut wie verlobt war, wandte sich von ihr ab, sobald sich der Bankrott drohend am Horizont abzeichnete. So verwundert es aus psychologischer Sicht kaum, daß Jacques Champigneulles, der Sohn jenes Mannes, der ihre Mutter »fallengelassen« hatte, zum Ziel von Simones pubertärer Leidenschaft wurde. Ihr Großvater hatte einmal verkündet, daß keine seiner Enkelinnen jemals einen Champigneulles heiraten würde.

Die leidenschaftliche und eigensinnige Françoise Brasseur verband sich sodann mit Georges de Beauvoir, dem jüngeren Sohn einer Pariser Beamtenfamilie aus dem niederen Adel. Georges war elegant, geistreich und charmant und besaß jene ungezwungene Selbstsicherheit der Reichen aus gutem Hause. Zweifelsohne hatte er alles, um einer jungen Frau gefallen zu können. Simone de Beauvoir schreibt dazu in *Une Mort très douce:*

> Bei Papa blühte sie auf. Sie liebte ihn, bewunderte ihn, und zehn Jahre lang hat sie zweifellos körperliche Erfüllung bei ihm gefunden. Er war in Frauen vernarrt, hatte zahlreiche Abenteuer gehabt und dachte [...], man müsse seiner jungen Frau die gleiche Leidenschaft entgegenbringen wie einer Geliebten.[1]

Aber weder seine Begabung noch sein Wille führten Georges de Beauvoir in den Richterstand, in den er eigentlich aufgrund seiner Ausbildung hätte eintreten sollen. Er liebte Literatur, Frauen, Gesellschaften und vor allen Dingen das Theater. Wäre er aus einer Schicht gekommen, die das unterstützt hätte, dann wäre er sicher Schauspieler geworden. So mußte er sich damit begnügen, einen großen Teil seiner Energie ins Amateurtheater und in die Rolle zu stecken, die er in seinem eigenen Leben spielte. Sein Gefühl, etwas Besonderes zu sein, und seine Überzeugung, daß seine adelige Herkunft ihn so niedrig-bürgerlichen Dingen wie der Arbeit oder der Jagd nach dem Erfolg enthoben, trugen natürlich wenig zum Wohlergehen seiner jungen Familie bei. Er steckte irgendwo zwischen der alten Aristokratie von Saint-Germain und dem Bürgertum, ohne tatsächlich einem der beiden Stände anzugehören. Simone betete ihren Vater in ihrer Jugend an, wurde jedoch von seiner gesellschaftlichen Desorientierung und den sich daraus ergebenden Problemen zutiefst betroffen.

Nichtsdestoweniger waren ihre ersten Lebensjahre laut ihrer eigenen Aussage glücklich. Sie war ein recht redseliges und frühreifes Kind, lernte bereits mit drei Jahren

Lesen und wurde von einer schier grenzenlosen Neugier geplagt, die die Angehörigen ihrer großen Familie nur allzugerne befriedigten. Im Alter von sieben Jahren brachte sie ihre ersten literarischen Versuche zu Papier – »Les Malheurs de Marguerite« (»Die Unglücksfälle der Marguerite«) und eine Parodie auf ihre Familie mit dem Titel »La Famille Cornichon« (»Die Familie Sauergurke«). Sie wurde verhätschelt und verwöhnt, genoß mütterliche Wärme und körperliche Nähe, erhielt Bücher und Aufmerksamkeit. So verwundert es kaum, daß sie schon früh das Gefühl entwickelte, etwas Besonderes zu sein und sich von der Masse abzuheben, was ihr in ihrem ganzen späteren Leben noch zugute kommen sollte. Simone war störrisch, hatte fast schon zu viel Energie und neigte zu heftigen und bisweilen grundlosen Anfällen. Aber auch sie konnten ihre idyllische frühe Kindheit nicht trüben.

Die Geburt ihrer Schwester Hélène, die den Spitznamen Poupette bekam, beeinträchtigte Simone ebenfalls nicht in ihrer ungezügelten Vitalität. Vielmehr wurde die zweieinhalb Jahre jüngere Poupette Simones treu ergebene Spielkameradin. Und Simone selbst liebte sie vielleicht um so mehr, als sie wußte, daß sie selbst der Liebling ihrer Eltern war. Sie war die Erstgeborene und hatte deshalb das größere Zimmer wie auch die größere Liebe ihrer Eltern. Simone brachte Poupette das Lesen bei, und zusammen ersannen die Mädchen komplizierte und einfallsreiche Spiele. Simone konnte sich gar nicht vorstellen, wie man ohne kleine Schwester überhaupt Spaß haben konnte.

Natürlich übernahm sie bei allem die Führung und genoß besonders die Rolle als Lehrerin ihrer Schwester. Dabei empfand sie ein Gefühl wirklicher Autorität, das sie nicht einmal gegenüber nachsichtigen Erwachsenen haben konnte, und einen gewissen Stolz auf ihre eigene Tüchtigkeit.

Wenn ich jedoch Unwissenheit in Wissen verwandelte, Wahrheiten einem Geiste einprägte, der ein noch unbeschriebenes Blatt war, schuf ich etwas Wirkliches. [...] Ich entrann der Passivität, die das Stigma der Kindheit ist, ich trat in den großen menschlichen Kreislauf ein, in dem, so dachte ich mir, jeder den anderen nützlich ist.[2]

Simone selbst klingt manchmal vielleicht ein bißchen zu sehr wie die unerträglich ernste und herrische ältere Schwester. Hélènes Aussagen deuten jedoch auf die positiven Auswirkungen des schwesterlichen Einflusses hin. In einem Filminterview erklärte sie, daß Simone die einzige in der Familie war, die sie nicht als völlig minderwertig behandelte und ihr auch so etwas wie Selbstachtung verlieh, weil sie sie anderen Mädchen vorzog. Interessanterweise war in den Spielen der beiden Schwestern meist Poupette die Dominante, auch wenn Simone sich das Szenarium ausdachte. Simone übernahm am liebsten die Rolle der zum Untergang verdammten, aber heldenhaften Heiligen, die von der tyrannischen Poupette gequält wurde. Die kleinere Schwester zerfetzte einmal sogar voller Rachsucht, Brutalität und Freude das Gebetbuch der frommen Simone.

Der Katholizismus mit seiner ganzen Palette von Heiligen und Märtyrern sowie seiner hierarchischen Abstufung der Sünden beeinflußte Simones Kindheit. Ihre Mutter war tief gläubig, und die Mädchen besuchten mit ihr zusammen den Gottesdienst und sprachen Morgen- und Abendgebete. Die Nähe zu ihrer frommen Mutter erweckte in Simone nicht nur vorübergehend den Wunsch, Nonne zu werden, sondern brachte sie auch dazu, die allwissende Mutter mit Gott selbst gleichzusetzen. Simone wurde im Jahre 1913 an der katholischen Mädchenschule Cours Adeline Désir eingeschrieben. Madame de Beauvoirs Verantwortungsgefühl als Mutter ging so weit, daß sie Simone dorthin begleitete, während der Unterrichtsstunden strickte und selbst Latein und Englisch zu lernen begann, um so die Fortschritte ihrer Tochter überwachen zu können.

Simone unterschied sich von den Angehörigen ihrer großen Familie und ihres Gesellschaftsstandes dadurch, daß sie in die Schule ging. Die meisten anderen jungen Mädchen ihrer Schicht wurden von Hauslehrerinnen unterrichtet, aber das konnten sich die de Beauvoirs nicht leisten. Simone selbst liebte die Schulatmosphäre und war glücklich. Das Lernen war ein nie endendes Abenteuer, die Arbeit bereitete ihr grenzenloses Vergnügen, und als ihre Mutter sie zum ersten Mal in eine Bücherei – ein »Paradies des Überflusses« – mitnahm, erlebte sie eine der größten Freuden ihrer Kindheit.

Simones Eltern waren sich zwar darüber einig, daß eine gute Ausbildung und Belesenheit wichtig für ihre Kinder waren, aber in Glaubensfragen hatten sie gänzlich entgegengesetzte Ansichten. Georges de Beauvoir war Atheist und stand religiösen Dingen skeptisch gegenüber. Simone erlebte jedoch nie, daß ihre Eltern sich über dieses Thema stritten. Sie war so sehr erfüllt von dem Gedanken an Gott, daß sie sich anfangs mit dem zufriedengab, was später zu einem unauflöslichen Widerspruch werden sollte. In *Mémoires d'une jeune fille rangée (Memoiren einer Tochter aus gutem Hause)* schreibt sie:

> Die Folge war, daß ich mich gewöhnte, das – durch meinen Vater vertretene – Leben des Geistes und mein – durch meine Mutter bestimmtes – seelisches Dasein als zwei völlig heterogene Sphären zu betrachten, zwischen denen es keinen möglichen Austausch gab. Heiligkeit gehörte einer anderen Ordnung an als Geist, und die menschlichen Dinge – Kultur, Politik, Geschäftsleben, Sitten und Bräuche – entstammten nicht der Religion.[3]

Simones Vater war vielleicht auf religiösem Gebiet ein Freidenker, aber was die Politik anbelangte, gehörten seine Sympathien der extremen Rechten. Er war nicht nur gegen das allgemeine Wahlrecht eingestellt, sondern auch gegen die Republik. Besonders im und nach dem Ersten Weltkrieg wurden seine Schmähreden gegen den Sozialismus und Internationalismus, vor allem gegen die Ausländer, die die französische Kultur angeblich von innen aushöhlten, immer heftiger.

Der Krieg selbst traf die Familie de Beauvoir nicht ganz so schlimm wie viele andere. In einem ersten Anflug von Patriotismus stellte die pflichtbewußte Simone ihr Talent im Nähen von Flaggen und Bannern unter Beweis, während Georges de Beauvoir entzückt die theatralische Uniform eines Zouave-Regiments anlegte. Wegen eines Herzanfalls mußte er schon etwa drei Monate später nach Hause zurückkehren. Daraufhin verwendete er seine Zeit darauf, Brillen für die Soldaten herzustellen und den literarischen Geschmack seiner Kinder zu formen. Noch nie zuvor waren die einzelnen Familienmitglieder einander so nahe gewesen. Georges de Beauvoir las jeden Abend vor einem entzückten dreiköpfigen Publikum aus den französischen Klassikern – Racine, Corneille, Molière, Edmond Rostand und Victor Hugo. Er dachte sich eine Notizbuchanthologie speziell für Simone aus und ließ sie schwierige Diktate schreiben. Er sang und schauspielerte und führte ihnen Parodien vor, und Simones Bewunderung für ihn wuchs ins Unermeßliche.

Aber um die Finanzen der Familie war es schlecht bestellt. Man verschwendete kein Stückchen Bindfaden und keine Brotkrume. Simone sparte schließlich so sehr, daß sie die Seiten ihrer Schulhefte mit winzigen Buchstaben füllte. Die Lehrer beschwerten sich bei ihrer Mutter, aber das Prinzip »keine Verschwendung« begleitete Simone ihr ganzes Leben lang. Sie war der Überzeugung, daß man alles – auch sich selbst – bis zum Letzten ausschöpfen mußte.

1919 sah sich die Familie de Beauvoir gezwungen, in eine Wohnung im fünften Stock in der Rue de Rennes umzuziehen. Das Haus war feucht und schmutzig, und es gab weder Aufzug noch fließendes Wasser. Simone und Poupette teilten sich einen Raum. Nur im Arbeitszimmer, wo Simone oft am Schreibtisch ihres Vaters arbeitete, brannte ein Holzfeuer. Françoise de Beauvoir mußte nun den Haushalt ohne Bedienstete führen, was für bürgerliche Kreise etwas völlig Neues war. Diese Plackerei verwandelte sie von einer schönen Dame in eine abgespannte und ständig besorgt wirkende Frau. Sie vernachlässigte und verachtete alles Körperliche jetzt so sehr, daß darunter auch die Sauberkeit der Mädchen litt. Ihre Kleidung war immer abgetragen und ihr Haar verfilzt. Simone de Beauvoir beschreibt in einer ihrer ersten Geschichten, die erst in den siebziger Jahren veröffentlicht wurde, und in ihren Memoiren, wie sehr sie sich ihrer schlecht sitzenden Kleider schämte und wie sie ihre Unbeholfenheit nur noch betonten. Sie schildert auch, wie schlecht die einförmige Kleidung der Schwestern, ihre schmutzigen Fingernägel und die Strümpfe mit den Löchern im Vergleich zur äußeren Erscheinung ihrer reichen Freunden und Verwandten abschnitten.

Aber die Einstellung der Familie machte die Not zur Tugend. Die Mädchen lernten, daß Kultur und Frömmigkeit weit wichtiger waren als Reichtum. Trotz ihrer Armut gab man Simone das Gefühl mit, einzigartig zu sein und ihre Liebe zum Lesen sowie ihre schulischen Erfolge als Beweise persönlicher Überlegenheit betrachten zu dürfen, die ihre Zukunft sichern würden. Jenes Bündel von Werten – ihr Puritanismus, ihre Verachtung gegenüber der materiellen Oberflächlichkeit des Lebens, ihr Glaube daran, daß die Rettung im Intellekt lag – isolierte Simone vom größten Teil ihres Freundeskreises und begleitete sie ihr Leben lang.

Natürlich hatte die andauernde Armut der Familie de Beauvoir auch langfristige Folgen. Nach einem weiteren Spekulationsfiasko, das Georges de Beauvoirs unerschütterlicher Schwiegervater ausgeheckt hatte, fand Georges durch die Fürsprache eines Verwandten eine Stelle als Anzeigenakquisiteur für eine Zeitung. Als seine aristokratischen Ambitionen nun schwanden und sich statt dessen Verbitterung einstellte, veränderte sich auch sein Verhalten. Der charmante Mann mit den gepflegten Umgangsformen gehörte der Vergangenheit an. Georges de Beauvoir begann, die Schicht der Armen, der er jetzt angehörte, noch zu übertrumpfen, indem er das Benehmen des – wie er sich ausdrückte – »Pöbels« annahm. In der Öffentlichkeit sprach er mit dröhnender Stimme und schleuderte Menschen, die er nicht kannte, in einem ihm fremden Akzent Beleidigungen entgegen. Zu Hause verhöhnte er alles und jeden. Als Simone allmählich ins Teenageralter kam, verbrachte er die Nächte immer häufiger außer Haus, trieb sich in Bordellen herum, kam am Morgen mit einer Alkoholfahne nach Hause und erzählte Märchen von Kartenspielen, die die ganze Nacht gedauert hätten.

Françoise de Beauvoir spielte auch weiterhin die treu ergebene Ehefrau, aber ihre Laune wurde immer schlechter. In *Une Mort très douce* erzählt Simone de Beauvoir, daß es nicht nur vor den Augen der eigenen Familie Schläge, ständige Nörgeleien und Szenen gegeben habe, sondern auch, wenn Gäste da waren.

> Doch niemand kann sagen: »Ich opfere mich«, ohne Bitterkeit zu empfinden. Einer von Mamas Widersprüchen war, daß sie an die Größe der Selbstverleugnung glaubte und dabei Neigungen, Antipathien und Wünsche hatte, die zu gebieterisch waren, als daß sie nicht doch verwünscht hätte, was sie ärgerte. Ständig begehrte sie gegen den Zwang und die Entbehrungen auf, denen sie sich unterwarf.[4]

Gerade zu einer Zeit, in der ihre Töchter in ein Alter kamen, wo sie mehr Freiheit und Alleinsein forderten, beanspruchte Madame de Beauvoir sie immer stärker zum Ausgleich für das, was sie selbst im Leben entbehrte. Sie wurde herrisch und besitzergreifend und war entschlossen, ihre Töchter ganz unter ihrer Kontrolle zu halten. Schon im zarten, gehorsamen Alter von acht Jahren hatte Simone gelernt, gewisse Dinge vor ihrer Mutter zu verbergen: – eine »sonderbare Reizung zwischen den Beinen« etwa oder alles, was mit der »Frucht deines Leibes« oder »Banden des Blutes« zu tun hatte – all das war verbotenes Gebiet.[5] Es schickte sich nicht, über den Körper und seine Funktionen zu sprechen. Ja, sie lernte sogar, daß er ordinär und abstoßend sei. Doch auch die Bücher befaßten sich mit diesen unanständigen Themen. Madame de Beauvoir überwachte sorgfältig die Lektüre ihrer Kinder und heftete all jene Seiten zusammen, die sie als für die Augen ihrer Töchter ungeeignet erachtete.

Viele Jahre lang dachte Simone nicht einmal daran, diese Grenzen zu überschreiten, aber ihre Neugierde schwand nicht, und die ängstliche Prüderie ihrer Mutter verlieh dem Unbekannten nur noch eine gefährlichere Faszination. Die Verbote der Priester förderten ihre Neugierde auf ganz ähnliche Art und stellten die stets logische Simone vor ein unlösbares Rätsel: Warum konnte das Erwachsenenwissen um real existierende Dinge zu Verzweiflung, Verdammung und Verhängnis führen, nur weil man selbst zu jung oder ledig war? Eines Sommers auf dem Lande, wo die Schwestern immer etwas größere Freiheiten genossen als zu Hause, suchten sie von ihrer Kusine Madeleine Antworten auf all diese Fragen zu erhalten. Madeleine durfte lesen, was sie wollte, aber ihre Erklärungen verwirrten die zwei Schwestern nur noch mehr. Als Poupette, die in dieser Hinsicht weniger Hemmungen hatte als Simone, ihre Mutter nach ihrer Rückkehr direkt befragte, erwiderte Madame de Beauvoir, daß »die Kinder schmerzlos aus der Darmöffnung kämen. Sie sprach in unbefangenem Ton; aber diese Unterhaltung wurde nicht fortgesetzt; niemals kam ich mit ihr auf diese Probleme zu sprechen, und sie selbst fing nie wieder davon an.«[6] Allmählich verlor Simone ihre Illusionen über die Überlegenheit der Erwachsenen.

Mit der Pubertät nahm diese Desillusionierung noch weiter zu, und Simone ärgerte sich immer mehr über ihren eigenen Gehorsam. Sie befolgte die Anordnungen ihrer Mutter mit wachsender Zurückhaltung und wollte sich nicht mehr länger von einer Frau gängeln lassen, deren Ansichten sie allmählich lächerlich fand. Außerdem war sie eifersüchtig auf die Zuneigung, die ihr Vater ihrer Mutter trotz ihrer unterschiedlichen Ansichten entgegenbrachte. Die Lage spitzte sich noch weiter zu, weil ihr Vater von ihr enttäuscht war, sie wegen ihrer pubertären Häßlichkeit kritisierte und ihre hübsche jüngere Schwester bevorzugte. Als Simone versuchte, die intellektuellen Bande zu ihrem Vater zu verstärken, machten beide Eltern Front gegen sie und zwangen ihr Gehorsam unter dem Deckmäntelchen der Vernunft auf. Simone wurde daraufhin immer verschlossener und täuschte ihre Fügsamkeit nur noch vor. Sie begann, sich aufzulehnen: Die vormals verbotenen Bücher wurden nun zu ihrer täglichen Lektüre, und ihre Vorstellungen über die Sexualität wurden allmählich etwas konkreter. Sie fing auch an, die Stellung der Religion in der Welt in Frage zu stellen. Dadurch vergrößerte sich die Distanz zwischen ihrer Mutter und ihr selbst noch mehr. Die Ablehnung all dessen, wofür ihre Mutter stand, sollte Simones Verständnis von der Welt bis in ihre Lebensmitte beeinflussen.

Sie wurde, wie sie in *Mémoires d'une jeune fille rangée* beschreibt, mit traditionell bürgerlichen Werten groß, die gleichermaßen gewaltig und zusammenhangslos waren. Jene Werte ließen die friedliche Koexistenz der Klostermoral ihrer Mutter und des Nationalismus ihres Vaters zu. Weder ihre Mutter noch ihre Lehrer zweifelten auch nur einen Augenblick daran, daß der Papst vom Heiligen Geist eingesetzt wurde. Doch ihr Vater war der Ansicht, daß das Kirchenoberhaupt sich nicht in weltliche Dinge einmischen sollte, und ihre Mutter stimmte ihm zu. Die nationalen Werte kamen vor den katholischen Tugenden.

Simones Bruch mit der Religion erfolgte an passender Stelle: in Meyrignac im Limousin, auf dem Landsitz ihres Großvaters väterlicherseits, wo Simone immer den Sommer verbrachte. Hier entdeckte sie jene Liebe zur Natur, die sie auch später nie verlor. Auf dem Lande gab es keine Armut, und Simone fühlte sich weniger von ihren Eltern beaufsichtigt. Sie verbrachte viele glückliche Augenblicke in Zwiesprache mit Himmel, Bäumen und Feldern, die für sie Gottes Gegenwart ausstrahlten. Aber dann vollzog sich eine Veränderung. Die vierzehnjährige Simone hatte sich immer wieder gefragt, warum das Geheimnis der Religion allein der *Frau* vorbehalten sein sollte, wenn ihr doch der Mann zweifelsohne überlegen war. Als sie eines Abends aus dem Fenster ihres Zimmers sah, wurde ihr plötzlich bewußt, daß im Himmel und in ihrem Herzen etwas fehlte. Den ganzen Tag hatte sie bewußt Verbotenes getan. Sie erkannte, daß sie nicht so leicht hätte sündigen können, es sich nicht so ohne weiteres erlaubt hätte, Gott zu beleidigen, wenn sie tatsächlich an ihn geglaubt hätte. Sie liebte die Welt mehr als jenen Gott, den sie so lange hochstilisiert hatte, bis sie ihn vergaß. Als sie sich dessen bewußt wurde, gab es kein Zurück mehr. Sie brach ein für allemal mit dem Glauben.

In diesem Bruch ist ganz deutlich die intellektuelle Strenge zu spüren, die Simone de Beauvoirs ganze Lebenseinstellung kennzeichnet. Sie läßt weder bei sich noch bei anderen Halbheiten zu, tut sie als Mumpitz ab. Doch ihr Scharfsinn zieht oft Schmerz nach sich. Die junge Simone war am Boden zerstört durch die neue »Leere des Himmels«. Sie fühlte sich elend, allein, ohne Ansprechpartner, ohne Zuflucht. Noch schrecklicher war die Erkenntnis, daß sie nun zum Tode verurteilt war. Verzweiflung und eine vernichtende Angst überkamen sie, die sie dann ihr ganzes Erwachsenenleben hindurch verfolgten. Sie konnte sie nur bannen, indem sie ständig voller Optimismus und Energie aktiv blieb.

Simone erzählte ihrer Mutter nichts über ihren Bruch mit dem Glauben. Aus Achtung vor ihr spielte sie einige Zeit weiterhin die gehorsame Tochter. Es blieb alles beim alten, es galten nach wie vor die Vorstellungen von Pflicht und Rechtschaffenheit sowie die sexuellen Tabus. Aber sie führte nun ein Doppelleben, in dem keine Verbindung mehr bestand zwischen ihrem eigentlichen Ich und dem Ich, das die anderen sahen. Diese Trennung erwies sich besonders in den konservativen Kreisen, in denen sie sich bewegte, als schmerzlich und erzeugte in ihr ein Gefühl der Einsamkeit.

Sobald die junge Simone die Hoffnung auf den Himmel aufgegeben hatte, wuchs ihr weltlicher Ehrgeiz. Sie hatte schon vor langem beschlossen, sich dem Intellekt zu verschreiben und nicht dem Mutterbild nachzueifern. Mit fünfzehn Jahren beantwortete sie die Frage, was sie denn später mit ihrem Leben anfangen wolle, ohne zu zögern mit dem Wunsch, eine berühmte Schriftstellerin zu werden. Ihr Vater stufte Schriftsteller höher ein als Philosophen, Gelehrte und Professoren, und Simone teilte diese Überzeugung. Die Literatur sollte ihr jene Unsterblichkeit sichern, die sie mit ihrem Glauben an den

Himmel verloren hatte. Mit ihrer Hilfe konnte sie außerdem der Menschheit dienen.

Georges de Beauvoir hatte immer schon gesagt, daß Simone den Verstand eines Mannes besaß und dachte wie ein Mann. Aber paradoxerweise begann er gerade die Tatsache, daß er einen Blaustrumpf herangezogen hatte, zu beklagen, als Simones schulische Glanzleistungen andauerten. Sie schloß das Institut Cours Désir erfolgreich ab, wechselte an das akademisch vielversprechendere Institut Sainte-Marie über und schlug sich in den verschiedenen Staatsprüfungen in Philosophie, Mathematik und Literatur mit beachtlichem Erfolg. Ihre Fähigkeit, sich eine Karriere aufzubauen und selbst etwas zu verdienen, waren nur Zeugnis für Georges de Beauvoirs eigenes Versagen. Schließlich waren die Töchter all seiner Freunde und seiner Geschwister »Damen«, sie jedoch nicht.

Simone selbst erklärt es in ihren Memoiren folgendermaßen:

> In meinen Kreisen fand man es unangemessen, daß ein junges Mädchen ernsthafte Studien betrieb. Einen Beruf ergreifen, bedeutete Abstieg. [...] Um in ihr [der guten Gesellschaft] zu glänzen, mußte eine Frau seiner Meinung nach nicht nur über Schönheit und Eleganz verfügen, sondern auch Konversation machen können und eine gewisse Belesenheit haben, daher freute er sich zunächst über meine Schulmädchenerfolge; [...] Wenn aber mein Vater geistreiche Frauen liebte, so hatte er doch keinerlei Sinn für Blaustrümpfe. Wenn er erklärte: »Ihr, meine Kleinen, werdet euch nicht verheiraten, ihr müßt arbeiten«, so lag Bitterkeit in seiner Stimme.[7]

Georges de Beauvoir war außerdem der Meinung, daß Lehrer einfach nur ganz gewöhnliche Schulmeister seien, und er beklagte es, daß Simone sich ausgerechnet diesen Beruf ausgesucht hatte. Das machte sie zur Intellektuellen, zu einer von jenen, die die Menschenrechte, den

Pazifismus, Internationalismus und Sozialismus guthießen. Er konnte sich von seiner Tochter nun höchstens noch erwarten, daß sie sich als intellektuelles Wunderkind erwies, das Diplome anhäufen würde und sich nicht mehr mit normalen Maßstäben messen ließ.

Obwohl Simone alle Wünsche ihres Vaters zu erfüllen schien, war er doch ganz offenbar unzufrieden mit ihr. Diese zwiespältige Haltung verwirrte und verunsicherte sie und machte sie unglücklich. Allmählich bauten sich in ihr Ressentiments und Skepsis auf, die es ihr ermöglichten, die Werte ihres Vaters – wenn auch viel später als die ihrer Mutter – zu verwerfen und sich endgültig gegen ihre Familie aufzulehnen.

Simones frühes Familienleben hinterließ in ihr den unerschütterlichen Glauben, daß die Macht, das intellektuelle Leben und die Möglichkeit, das eigene Schicksal zu bestimmen, dem Manne vorbehalten waren. Die verheiratete Frau hingegen nahm eine wenig beneidenswerte Position ein: Sie mußte sich gänzlich der männlichen Autorität beugen und wurde unweigerlich zur Märtyrerin ihrer Kinder. Lediglich ihre eiserne Beharrlichkeit – die Simone erst später, nach Abschluß ihrer eigenen Auflehnung, zu achten lernte – ermöglichte es ihrer Mutter, den eigenen Glauben gegenüber der männlichen Herrschaft aufrechtzuerhalten. Doch der Preis war hoch: Kompromisse, unterdrückte Wut, Verformung des Charakters. Schon sehr früh identifizierte Simone sich mit dem Männlichen. Sie schwor sich, nie zu heiraten, und die bescheidenen Mittel ihrer Familie sorgten dafür, daß sich auch tatsächlich kein geeigneter Mann einstellte. Freie Entscheidung und Zufall bestimmten sie für eine Karriere.

Das galt nicht für Elisabeth Mabille, ihre engste Jugendfreundin, die sie in den Memoiren Zaza nennt. Simone lernte Zaza im Cours Désir kennen, als sie zehn Jahre alt war. Zaza stammte aus einer wohlhabenden katholischen Familie, die sich anders als Simones Eltern in gesellschaftlichen Kreisen bewegte und dem demokratischen Flügel der Katholiken angehörte. Zaza hatte viel mehr Niveau als der Bücherwurm Simone und schreckte nicht davor zurück, alles und jeden zu kritisieren. Sie wurde zum Objekt von Simones kindlicher Verehrung, zu ihrer ersten Freundin und ersten Liebe – auch wenn Zaza selbst dies erst wahrnahm, als sie beide schon studierten.

Die Mädchen besuchten das Institut Sainte-Marie, wo Simone sich in Robert Garric, den Initiator etlicher Sozialgruppen, verliebte, die Studenten und Arbeiter zusammenbringen und über die Klassenschranken hinweg Freundschaften begründen sollten. Garrics Redekunst beeindruckte Simone so sehr, daß sie beschloß, sich dem Dienst an der Menschheit zu verschreiben – genau wie sie sich früher in den Augenblicken ihres jugendlichen Mystizismus Gott geweiht hatte. Sie nutzte jede Minute und gab jegliche seichte Lektüre auf. Sie ärgerte sich sogar über die vertane Zeit fürs Putzen der Zähne, Reinigen der Fingernägel und für die Konversation, die sie mit ihrer Familie machen mußte. Während des Essens lernte Simone Griechisch oder bereitete sich auf ihre Prüfungen im Fach Literatur vor, das Garric unterrichtete, oder auf Philosophie, Mathematik und Altphilologie. Sie wurde zu einem gefühllosen Ungeheuer und öffnete den Mund zu Hause nur noch, um voller Heftigkeit ihren Abscheu vor dem konservativen Geschmack ihres Vaters auf dem Gebiet der Literatur und vor seinen traditionellen Ansichten über Frauen und Heirat auszudrücken. Aber für Garrics Gruppen nahm sie sich die Zeit – nur um völlig davon enttäuscht zu werden. Für eine Freundschaft über die Klassen hinweg reichten aggressive Rhetorik und geniale Illusionen eben nicht aus.

Zaza hatte von vornherein Vorbehalte gegenüber Robert Garric gehabt und sich nicht von Simones Fanatismus anstecken lassen. Sie unterschieden sich auch in anderer Hinsicht: Anders als Simone nahm Zaza nach wie vor an dem intensiven gesellschaftlichen Leben ihrer Familie teil und erledigte die Aufgaben im Haushalt, die man ihr übertrug. Deshalb konnte sie sich nicht völlig dem Universitätsleben widmen und auch oft Simone nicht sehen. Die tiefe Bindung zu ihrer Mutter machte es ihr unmöglich, sich gegen ihre Erwartungen an sie wirklich aufzulehnen. Das eine Jahr der höheren Bildung war für sie nur ein Aufschub: Sie hatte nichts anderes zu erwarten als die Ehe mit einem Mann, den ihre Eltern für sie auswählten. Simone warf ihr Defätismus vor. Ihr eigener energischer Optimismus und ihre Entschlossenheit steigerten ihre Ungeduld über Zazas wachsende Apathie und Verzweiflung.

Etwa drei Jahre nach ihrer gemeinsamen Zeit am Institut Sainte-Marie erlag Zaza einer Meningitis und entzog sich so gewissermaßen dem Konflikt zwischen ihrer Loyalität ihrer Mutter gegenüber und ihrer Liebe zu dem Philosophen Maurice Merleau-Ponty. Simone hatte ihn ihr vorgestellt und nannte ihn später in den Memoiren Jean Pradelle. Zaza wie auch Simone konnten nicht verstehen, warum Zazas Familie eine Verbindung mit Merleau-Ponty mißbilligte: Schließlich war er katholisch und stammte offenbar aus einer guten Familie. Auch Merleau-Pontys Weigerung, mit Nachdruck um Zazas Hand anzuhalten, verwirrte die beiden Freundinnen.

Inzwischen hat man herausgefunden, daß die Mabilles der Verbindung Zazas mit Merleau-Ponty widersprachen, weil sie wußten, daß er unehelich war. Die Mabilles betrachteten den Ehebruch als Todsünde und die Heirat von Zaza und Merleau-Ponty als undenkbar. Merleau-Ponty nahm Monsieur Mabille gegenüber seinen Antrag zurück, weil er mit der Enthüllung des Seitensprungs seiner Mutter nicht die bevorstehende Hochzeit seiner Schwester gefährden wollte. Zaza wußte nichts von alledem und war so erschüttert über Merleau-Pontys plötzlich so kühles Verhalten, daß ihre Mutter ihr schließlich die Hintergründe auseinandersetzte. Zaza verwand den Verlust ihrer Liebe nicht, brachte es aber auch nicht fertig, ihren Eltern gegenüber ungehorsam zu sein. Sie flüchtete sich in den Wahnsinn und erlag ihrem Fieber. Zu spät erklärten sich ihre Eltern bereit, ihr Verbot aufzuheben.

Für Simone war Zaza ganz klar zu einem Opfer der bedrückenden bürgerlichen Moral geworden. Zazas Schicksal hätte so leicht ihr eigenes sein können, daß sie noch Jahre später glaubte, ihre Freundin sei für Simones eigene Freiheit gestorben. Zazas Geschichte und das, was sie über die beklemmenden Werte ihrer eigenen Schicht enthüllte, durchziehen alle frühen literarischen Versuche Simones.

Es gab noch eine weitere Liebe in Simones jungen Jahren. Ihre ganze Jugend hindurch war sie in ihren Cousin Jacques Champigneulles verliebt, den sie seit ihrer Kindheit kannte. Jacques sah gut aus, unterlag keinen elterlichen Beschränkungen und hatte eine künstlerische Ader. Er beschloß, die Bleiglasfabrik seiner Eltern in einen Betrieb zur Manufaktur von Gegenständen von künstlerischer Schönheit zu verwandeln. Er machte Simone mit der zeitgenössischen französischen Literatur bekannt, die ihr Vater so heftig verdammte. Er verbrachte die Nächte in den Bars und Klubs der künstlerischen Avantgarde, in die Simone nicht durfte. Sie idealisierte ihn und sah in ihm das, was sie selbst werden wollte – eine Angehörige jener Bohème, die die Literatur der Zeit so populär gemacht hatte. Nicht zuletzt durch die elterliche Ermutigung verwandelte sie diese besondere Freundschaft zu einem Mann in eine Beziehung, die in einer Märchenhochzeit enden sollte. Simone war sich nie so ganz sicher, ob sie diese Heirat wollte. Aber Jacques war in den einsamen Jahren ihrer jugendlichen Auflehnung der einzige Mann, mit dem sie ihre Probleme besprechen konnte, der einzige Freund, der sich ob seiner Herkunft genauso unbehaglich zu fühlen schien wie sie selbst.

Seine blasierte Miene, sein unsicher schweifender Blick, die Bücher, die er mir lieh, seine versteckten Bemerkungen, das alles bot mir die Gewähr, daß er einem ungewissen Jenseits zugewandt lebte. [...] Ich sah eine besonders raffinierte Spielart der Unruhe in Jacques.[8]

Doch Jacques machte ihr nie einen Antrag, küßte sie nicht einmal. Daß er keine Annäherungsversuche unternahm, erschien Simone, die zu Hause noch immer in einer Atmosphäre der Prüderie lebte, jedoch ziemlich unwichtig. Während ihrer Studienzeit vergrößerte sich ihr Freundeskreis. Sie stellte nun fest, daß sie Jacques gegenüber gleichgültig war, wenn sie ihn sah und er sich um sie bemühte, und daß sie ihn sogar wegen seiner fortwährend negativen Einstellung verachtete. Aber wenn er nicht da war, stellten sich wilde Sehnsucht, Eifersucht und Tagträume von einer gemeinsamen Zukunft in der Ehe ein.

Diese Tagträume fanden ihr jähes Ende, als Simone erfuhr, daß Jacques eine Tochter aus gutem Hause heiraten sollte, die eine beachtliche Mitgift mitbringen würde. Jacques verließ Simone – genau, wie es eine Generation vorher schon sein Vater mit Simones Mutter getan hatte. Der Held von Simones Jugend hatte sich in einen berechnenden Bourgeois verwandelt.

In Jacques hatte Simone so etwas wie ein männliches Pendant gefunden. Er war der Junge, der sie hätte sein können, hätte ihre Mutter ihre erste Liebe geheiratet. Als sie sich in ihn verliebte, trat Simone unbewußt in die Fuß-

Simone (links) im Alter von 18 Jahren mit Schwester Hélène.

stapfen ihrer Mutter. Dabei hoffte sie vielleicht durchaus, das mißlungene Unternehmen ihrer Mutter erfolgreich zu Ende zu führen. Diese Liebesbeziehung ließe sich unter Umständen als aggressiver Übergriff auf mütterliches Gebiet deuten – sozusagen als *lèse-majesté.* Sie war jedoch gleichzeitig ein großartiger Akt der Wiedergutmachung: Simone glich den Verlust aus, den sie selbst – die Tochter aus einer Ehe mit einem Mann, der kein Champigneulles war – darstellte, das heißt also, den Verlust von Jacques Champigneulles Vater. Durch diese erträumte Heirat wäre Simones Mutter dann doch noch an einen männlichen Champigneulles gekommen.

Natürlich mußte die Tatsache, daß es sich bei beiden Champigneulles – Vater wie Sohn – letztlich um Mitgiftjäger handelte und daß sie dadurch wichtigen Einfluß auf Françoise und Simone nahmen, ihre Auswirkungen auf die Ansicht einer pflichtbewußten Tochter über die bürgerliche Ehe haben. Später war es wahrscheinlich nicht nur Sartres Bedürfnis nach Freiheit, das Simone dazu brachte, nie zu heiraten. Sie hatte ganz gewiß auch ihre eigenen Gründe, die Institution der Ehe zu scheuen. Und vermutlich ist es auch kein Zufall, daß ihre Mutter laut Simones eigener Aussage nach ihrem unsanften Erwachen aus den Heiratsträumen keine wesentliche Rolle mehr spielte. Erst der »sanfte Tod« erweckte ihre frühere Identifikation mit Françoise wieder zum Leben. Nach Jacques Champigneulles dachte Simone nie wieder so konkret ans Heiraten.

Statt dessen versuchte sie nun, jenes unsichere und unnütze Leben zu führen, das Jacques und die jüngeren Romanciers immer als so attraktiv priesen. Jacques hatte sie in das Abenteuer der Cafés und Bars eingeführt. Und gelegentlich fand Simone – manchmal zusammen mit ihrer Schwester – einen Vorwand, unter dem sie dem wachsamen Blick ihrer Mutter entwischen und sich einen Abend in der Stadt vergnügen konnte. Sie saß dann auf einem Barhocker in dem damals populären Jockey Club und sog mit dem gleichen Eifer, mit dem sie früher zur Kommunion gegangen war, Zigarettenrauch und Alkohol in sich auf. Sie benahm sich recht eigenwillig, warf Poupette Beleidigungen an den Kopf oder versetzte ihr den einen oder anderen Knuff und tat so, als hätte sie sie noch nie zuvor gesehen. Sie gab sich als Modell oder Prostituierte, obwohl sie damit – wie sie später selbst vermutete – wegen ihrer schmuddeligen Kleidung, ihrer bequemen Schuhe und ihres ungeschminkten Gesichtes wohl niemanden täuschte. Um sich gegen Konvention und Autoritäten aufzulehnen, tanzte sie mit Unbekannten und genoß das Gefühl dieser fremden Hände auf ihrem Körper. Schließlich ließ sich Simone ganz nach dem Gebot ihrer neuen literarischen Meister André Gide und Jacques Rivière, ein gefährliches Leben voll unnötiger Handlungen zu führen, auf der Straße ansprechen und verbrachte ihre Abende in Gesellschaft von Alkohol und fremden Männern.

Obwohl Simone de Beauvoir selbst das nicht in ihren Memoiren erwähnt, läßt doch die Beschreibung ihrer jugendlichen Auflehnung darauf schließen, daß sie es ihrem Vater gleichtun, ja, ihn sogar noch übertrumpfen wollte. Schließlich hatte er oft genug gesagt, daß sie den Verstand eines Mannes habe. Indem sie sich in die Gefahr stürzte, Ausflüge ins niedrige Leben unternahm, erst in den frühen Morgenstunden nach Hause kam und sich unglaubwürdige Alibis ausdachte, bewies sie außerdem, daß sie die Freiheit besaß, wie ein Mann zu *handeln.* Auch wenn es dabei nur um die belanglose Freiheit des bürgerlichen Mannes ging.

Trotz alledem war Simone noch immer von einer Prüderie geprägt, die ihr die Sexualität zuwider machte. Der Gedanke an die reine Lust ohne Liebe, schon der geringste Hinweis auf die Begierden des Fleisches, stürzten sie in unbeschreibliche Verzweiflung. Für sie bedeutete das soviel, wie in Ungnade zu fallen. Sie glaubte nicht an die ewige Jungfräulichkeit, aber sie stellte sich die Hochzeitsnacht wie ein religiöses Ritual vor. Die wahre Liebe wertete den körperlichen Akt auf, und in den Armen ihres Erwählten verwandelte sich die Jungfrau unversehens in eine strahlende, junge Frau.

Was auch immer Simones Auflehnung gegen den Glauben ihrer Mutter ausgelöst haben mag – sie hielt jedenfalls trotzdem weiterhin an den Strukturen dieses Glaubens fest und träumte viele Jahre lang von einer weltlichen Erlösung, die sich möglicherweise in Form der Liebe vollziehen würde.

2

Eine notwendige Liebe

1927 beendete Simone de Beauvoir ihre Abschlußprüfung in Literatur und Philosophie an der Sorbonne in Paris. Im folgenden Jahr begann sie die Vorbereitung auf das höhere Examen der *agrégation* – die Qualifikation für den Lehrerberuf – zum Teil an der Eliteschule Ecole Normale Supérieure. Als Studentin war sie unbestritten brillant; die Freundschaften, an denen es ihr in der Kindheit so sehr gemangelt hatte, boten sich nun zuhauf. Sie war bekannt für ihren scharfen Verstand, und die Art und Weise, wie sie ihre Meinung schnell, kühn, überzeugend und mit schroffer Stimme vorbrachte, stand in deutlichem Widerspruch zu ihren geschliffenen Umgangsformen.

Simone leistete ihre Referendarzeit am Lycée Janson de Sailly ab. Unter ihren Kommilitonen befanden sich der Philosoph Maurice Merleau-Ponty und Claude Lévi-Strauss, der Begründer der strukturalen Anthropologie. Simone war die erste Frau, die jemals Philosophie an einem Jungen-*lycée* unterrichtete. Diese einzigartige Position schien nur die logische Weiterentwicklung der eigenen Besonderheit, die sie bereits als Kind empfunden hatte. Wie sie später schrieb, behandelten ihre männlichen Kollegen sie außerordentlich liebenswürdig und völlig ohne Herablassung.

Ihr Wohlwollen verhinderte, daß ich jemals darauf verfiel, jene Haltung des »challenge« einzunehmen, die mich später bei den Amerikanerinnen verdroß; von vornherein waren die Männer für mich Kameraden, nicht Gegner. Weit davon entfernt, sie zu beneiden, empfand ich meine Lage, gerade insofern sie etwas Ungewöhnliches war, als privilegiert.[1]

Erst in den siebziger Jahren erkannte Simone de Beauvoir die Widersprüchlichkeit dieser Position und begriff, daß die dominierende Gruppe immer nur Almosen an die Benachteiligten verteilt. Fast ihr ganzes Leben lang diente ihr ihre persönliche intellektuelle und literarische Leistung als Passierschein in die Freiheit der männlichen Welt, die sie weit höher schätzte als den begrenzten Bereich der Frau.

Unter den Studenten der Ecole Normale, die sich für die angesehene *agrégation* im Fach Philosophie gemeldet hatten, hatte sich eine kleine Gruppe wegen ihrer unbestrittenen Überlegenheit und ihrer dreisten Eskapaden einen gewissen Ruf erworben. Zu dieser Gruppe gehörten Paul Nizan, von dem bereits einige Werke publiziert waren und der der Kommunistischen Partei angehörte, René Maheu (den Simone de Beauvoir in ihren Memoiren André Herbaud nennt) und Jean-Paul Sartre. Im Rahmen eines Jahresabschlußfestes an der Ecole Normale war Sartre in einem satirischen Sketch nackt aufgetreten und hatte so einen Skandal verursacht, der an der elitären Schule noch Jahre später in aller Leute Munde war.

Simone freundete sich mit Maheu an, einem verheirateten Mann mit literarischen Ambitionen. Er gab ihr schließlich den Spitznamen, den sie lange tragen sollte: Castor (= Biber). Denn Biber – so behauptete er – liebten Gesellschaft und neigten zu konstruktiven Lösungen. Er stellte sie auch Jean-Paul Sartre vor, obwohl er Angst hatte, daß Sartre seinen Platz bei Simone einnehmen würde.

Als Simone mit einer Arbeit über Leibniz, den Philosophen aus dem achtzehnten Jahrhundert, beschäftigt war, ließ Sartre ihr durch Maheu eine Zeichnung überbringen, die »Leibniz im Bade mit den Monaden« darstellte. Sartre wollte Simone treffen und schlug einen Termin vor. Da Maheu Angst hatte, daß Sartre seine Abwesenheit ausnützen würde, bat er Simone, nicht zu gehen. Daraufhin schickte sie ihre Schwester Poupette, die erklären sollte, daß sie plötzlich aufs Land hatte fahren müssen. So verschob sich das Treffen von Simone und Sartre bis zu ihren Abschlußprüfungen im Juli 1929. Nach dem schriftlichen Teil sollte noch ein mündlicher folgen. Sartre und Nizan luden Simone dazu ein, sich gemeinsam mit ihnen vorzubereiten.

Simone beschreibt ihre Ehrfurcht beim ersten Zusammentreffen mit diesem Kreis der Auserwählten folgendermaßen:

Sartre empfing mich als Weltmann; er rauchte Pfeife. Schweigend, mit einer Zigarette im Mundwinkel und schief lächelnd, beobachtete mich Nizan sehr nachdenklich durch seine dicke Brille. Den ganzen Tag kommentierte ich, erstarrt vor Schüchternheit, den *Discours métaphysique, ...*[2]

Bald schon entspannte sie sich, aber sie mußte sich noch das Gehirn zermartern, um dem redseligen und scheinbar allwissenden Sartre Argumente entgegenhalten zu können. Das Ausmaß seines Intellekts und seine Großzügigkeit als Lehrer sowie die Respektlosigkeit der ganzen Gruppe verschlugen ihr fast die Sprache.

... wenn die drei »petits camarades« zusammensaßen, war keine Rede davon, daß sie sich Zwang antaten. Ihre Sprache war aggressiv, ihr Denken kategorisch, ihre Gerechtigkeit kannte kein Einspruchsrecht. Sie machten sich über die bürgerliche Ordnung lustig; sie hatten es abgelehnt, die Prüfung des E.O.R. über sich ergehen zu lassen; so weit kam ich ohne Mühe mit. In vielen Punkten jedoch stand ich auch weiterhin unter der Suggestion der bürgerlichen Sublimierungsversuche; sie aber führten unerbittlich alle Formen des Idealismus auf ihre Nichtigkeit zurück, sie trieben Spott mit den schönen Seelen, den edlen Seelen, allen Seelen schlechthin, mit den Seelenzuständen, dem Innenleben, dem Wunderbaren, dem Mysterium, den Eliten; bei jeder Gelegenheit bekundeten sie – in ihren Reden, ihrer jeweiligen Haltung, ihren Scherzen – die Überzeugung, daß die Menschen keine Geister, sondern Bedürfnissen unterworfene und in ein brutales Abenteuer hineingestellte Körper seien.[3]

Die noch immer gefühlvolle und intellektuell respektvolle Simone, die sich in den Wundern der Natur verlieren konnte, war schockiert. Aber sie erkannte, daß sie hier endlich Menschen gefunden hatte, die der Realität furchtlos ins Auge blickten und auch keine Angst hatten, respektlos zu sein und hergebrachte Annahmen philosophischer oder gesellschaftlicher Natur voller Heftigkeit und Strenge zu hinterfragen. Das hatte sie selbst sich immer ersehnt. Und nun endlich bot sich die Gelegenheit.

In den Tagen vor der Prüfung waren Simone und Sartre unzertrennlich, sie gingen nur zum Schlafen auseinander. Sie redeten ununterbrochen und über alles. Simone hatte noch nie einen Menschen kennengelernt, der über so vieles so genau Bescheid wußte:

Seine hartnäckige, naive Aufmerksamkeit griff alle Dinge mit all ihrer Unmittelbarkeit und Fülle auf. Wie eng war meine kleine Welt neben diesem wimmelnden Universum![4]

Sartre gab ihr auch zu verstehen, daß er sich für *sie* interessierte. Als er Simone dann mit derselben leidenschaftlichen Energie analysierte, die er in alle Gedanken steckte, tat er das nicht aus seiner eigenen Sicht, sondern versuchte aufrichtig, sie im Lichte ihrer eigenen Werte und Einstellungen zu verstehen. Was hätte wohl anziehender auf eine junge Frau wirken können, die sich innerhalb ihrer Familie immer als Außenseiterin betrachtet hatte und geistiges Bemühen über alles schätzte? Den krönenden Abschluß bildete in dieser Hinsicht Simones Entdekkung, daß Sartre ihren literarischen Ehrgeiz teilte. Aber auf diesem Gebiet war er ihr weit voraus. »Ich hatte mich für etwas Außergewöhnliches gehalten, weil ich mir mein Leben nicht ohne Schreiben vorstellen konnte: er lebte nur, um zu schreiben.«[5] Zum ersten Mal in ihrem Leben fühlte Simone sich einem Menschen geistig unterlegen. Sartres Wissen war sehr viel breiter und hatte eine solidere Grundlage als ihr eigenes. Im Gegensatz zu Simone mit ihrer ausschließlichen Liebe zur »hohen Kunst« kannte er auch populäre Filme und Bücher, Western und Thriller. Außerdem hatte Sartre bereits eine genaue Vorstellung von den Büchern, die er selbst schreiben wollte, während sie selbst immer wiederholt hatte, sie »wolle ›alles sagen‹, was teils zuviel, teils zuwenig war«.[6]

Jeder las die Schriften des anderen, und so begann jener Prozeß der offenen Kritik, jener Dialog über die literarischen Werke des anderen, der ihr ganzes Leben andauern sollte. In der Prüfung zur *agrégation* wurde Sartre Erster, auch wenn die Prüfer mit dieser Bewertung lange Zeit zögerten, weil sie wußten, daß er das Examen vorher einmal nicht bestanden hatte. Sie waren sich einig, daß trotz Sartres augenscheinlicher Qualitäten, seiner Intelligenz und seines Wissens eigentlich Simone de Beauvoir die geborene Philosophin war.

Für Simone selbst jedoch gab es keinerlei Zweifel: Obwohl sie mit einundzwanzig Jahren die Jüngste war, die jemals diese französische Prüfung gegen stärkste Konkurrenz bestanden hatte, war ihr Sartre doch deutlich überlegen. Simone de Beauvoir hatte sich verliebt:

Sartre entsprach genau dem, was ich mir mit fünfzehn Jahren gewünscht und verheißen hatte: er war der Doppelgänger, in dem ich in einer Art von Verklärung alles wiederfand, wovon ich auch selber besessen war.[7]

Wer war dieser junge Mann, der Simones Wünschen so genau entsprach? Jean-Paul Sartre war zweieinhalb Jahre älter als Simone und auf der anderen Seite von Paris zur Welt gekommen. Die ersten elf Jahre seines Lebens wurde er von seiner Mutter erzogen, die ihn vergötterte, und von seinem Großvater Charles Schweitzer, der seine geistige Energie und seine Liebe zu den Frauen auf seinen Enkel weitervererbt hatte. Jean-Pauls Vater starb, als er knapp über ein Jahr alt war. Daraufhin zog seine Mutter wieder in ihr eigenes Elternhaus, über das Charles Schweitzer – einer der führenden Pädagogen seiner Zeit, der Englisch und Deutsch unterrichtete – mit unbestrittener Macht herrschte. Charles Schweitzer übernahm die Ausbildung des jungen Jean-Paul. Die Schweitzers stammten aus dem Elsaß und waren deshalb zweisprachig. Also lernte auch Sartre Französisch und Deutsch. Er begann schon sehr früh, Geschichten zu schreiben, und formte La Fontaines Fabeln in Verse um. Mit zehn Jahren schrieb er seinem Großvater Briefe in Alexandrinern.

Als seine Mutter eine zweite Ehe einging und sich mit einem Ingenieur verheiratete, der die Delaunay-Belleville-Werften in La Rochelle leitete, war Jean-Paul verzweifelt. Anne-Marie Sartre war die heißgeliebte Gefährtin Sartres gewesen. Sie hatte ihn auf seinen täglichen Spaziergängen in den Jardin du Luxembourg und bei häufigen Besuchen im Theater, im Zirkus und besonders im Kino begleitet und ihn in die Welt der Musik eingeführt, die er sein ganzes Leben lang liebte.

Der junge Sartre haßte seinen Stiefvater, der jenes enge Verhältnis zu seiner Mutter störte. In der höheren Schule, die er in La Rochelle besuchen mußte, betrachteten ihn seine rauhbeinigen Mitschüler als Pariser Schnösel. Sartre lernte nun, seine Fäuste einzusetzen, und stahl seiner Mutter Geld, um seine Klassenkameraden mit kleinen Geschenken für sich zu gewinnen. Er spann schon von frühester Kindheit an seine eigenen Phantasien, die er dann in Form von langen Heldenabenteuern niederschrieb, und war sich wie Simone bewußt, daß er etwas ganz Besonderes war. Als Sartre wieder nach Paris an das berühmte Lycée Henri IV zurückgeschickt wurde, um seine höhere Schulausbildung abzuschließen und in den Wettbewerb um einen Platz an den *grandes écoles* einzutreten, erwarb er sich nicht nur einen Ruf für seinen wachen Verstand, sondern auch für seinen oft geschmacklosen Humor. Zusammen mit Paul Nizan, seinem engsten Freund, schrieb er satirische Sketche, die sie dann gemeinsam aufführten und in denen sie die ganze Welt wie auch Lehrer und Freunde anklagten. Als er Simone kennenlernte, hatte er bereits einige der Punkte des philosophischen Systems entwickelt, das später unter der Bezeichnung Existentialismus bekannt wurde.

Sartre war klein und schielte. Er glich seine mangelnde Attraktivität einfach durch die Kraft seiner überschwenglichen Persönlichkeit und seines Charmes aus. Er verstand es zuzuhören, zu gefallen und zu unterhalten. Als er Simone kennenlernte, hatte er bereits eine Verlobung aufgelöst und beachtliche sexuelle Erfahrung gesammelt. Er sah sich selbst als Don Juan, als Verführer, der mit den Konventionen brach und dessen Auftreten das Wesen der Dinge enthüllte. Seiner Meinung nach gründeten Verführung und Schreiben in ein und demselben geistigen Prozeß. In einem Interview aus dem Jahre 1976 gestand er, daß er sich eine ganze Folge von Frauen für sich selbst vorstellte, von denen jede in einem gegebenen Augenblick alles für ihn darstellte. Simones einzigartige

Eigenschaften verschafften ihr eine Sonderstellung in seinem Leben. Sie wußten, was sie einander bedeuteten. Sartres anfängliche Reaktion auf diese ernsthafte, blauäugige Philosophiestudentin klingt jedoch nicht nach Liebe auf den ersten Blick. Seinen Freunden gegenüber äußerte er, sie sei hübsch, habe ein einnehmendes Wesen, kleide sich jedoch schlecht. Aber die Beziehung zwischen den beiden entwickelte sich rasch, und nach den Sommerferien, in denen Sartre Simone im Limousin besuchte und dann einen regen Briefwechsel mit ihr pflegte, vertiefte sie sich zusehends.

Auf den ersten Seiten des zweiten Bandes ihrer Autobiographie – *La Force de l'âge (In den besten Jahren)* – beschreibt Simone ihre Freude darüber, aus dem Haus ihrer Eltern aus- und in ein eigenes Zimmer in der Wohnung ihrer Großmutter mütterlicherseits in Montparnasse einziehen zu können. Ihre Großmutter vermietete Zimmer und behandelte Simone mit derselben Achtung wie ihre anderen Mieter. Simone freute sich so über diese erste Gelegenheit, ihre ganz private Welt schaffen zu können, daß sie ihre Wände in leuchtendem Orange tapezierte und sich nach und nach ihre Möbel – einen Tisch, einen Stuhl, einen Diwan, Bücherregale – zusammensammelte. Sie fand eine stundenweise Beschäftigung als Lehrerin an einem *lycée* und besserte ihr Einkommen durch Privatunterricht auf. Nach all den Jahren düsterer strapazierfähiger Kleidung leistete sie sich nun Crêpe de Chine und Preßsamt und völlig unpraktische, hochhackige Pumps, die sie ständig trug, auch wenn sie nicht unbedingt das Richtige für das Klassenzimmer eines *lycée* waren. Sie legte Make-up, Puder, Rouge und kräftig Lippenstift auf. Endlich war sie eine unabhängige Frau. Ihr wirkliches Leben begann jedoch, wie sie selbst sagt, erst, als Sartre Mitte Oktober nach Paris zurückkehrte.

Wäre Simone eine Schriftstellerin der siebziger Jahre gewesen, die ein literarisches Bekenntnis ablegen wollte, hätten wir vielleicht eine ausführliche Beschreibung ihres ersten sexuellen Kontakts mit Sartre sowie ihrer Entjungferung erwarten dürfen. Aber Simone bewahrt ein fast schon viktorianisch anmutendes Stillschweigen über die sexuelle Seite ihrer Beziehung zu Sartre und betont in ihrer Autobiographie lieber die Einheit von Herz, Kopf und Körper in der Liebe. Sie räumt der rationalen, intellektuellen Seite ihrer Verbindung mit Sartre, also den gemeinsamen Zielen und Plänen, den Vorrang ein.

Von unserem heutigen Blickwinkel aus betrachtet, ist es schwierig zu beurteilen, wie abenteuerlich und unkonventionell der Pakt war, den Simone de Beauvoir und Jean-Paul Sartre schlossen. Besonders von Simones weiblicher Seite aus waren die Distanzierung von den herrschenden Normen und das Stigma, das sich daraus ergab, gewaltig. Simone und Jean-Paul waren Geliebte, aber sie wollten nicht heiraten, auch wenn sie sich auf eine dauerhafte Beziehung einrichteten. Sartre glaubte nicht an die Monogamie. Sie wirkte seiner Meinung nach lähmend auf einen Schriftsteller, der für seine Arbeit neue, möglichst vielfältige Erfahrungen und Emotionen benötigte. Simone schockierte das nicht. Sartre wiederholte schließlich nur das, was Simone schon von ihrem Vater und dem bürgerlichen Verhalten her als männliches Vorrecht kannte. Doch er war zumindest so ehrlich, seine Absichten auch offen auszusprechen. Das Neue an Sartres Sicht ihrer Verbindung war jedoch, daß sie als Frau genauso frei sein und ebenfalls Verhältnisse haben würde.

»›Bei uns beiden‹, erklärte er mir unter Anwendung seines Lieblingsvokabulars, ›handelt es sich um eine notwendige Liebe: es ist unerläßlich, daß wir auch die Zufallsliebe kennenlernen.‹«[8] Unter »Zufall« verstand

Sartre das, was sich ändern konnte, was zwar wichtig, aber nicht vorrangig ist. Simone de Beauvoir schreibt weiter: »Wir waren von gleicher Art, und unser Bund würde so lange dauern wie wir selbst; er bot jedoch keinen Ersatz für den flüchtigen Reichtum der Begegnungen mit anderen Wesen.«[9]

Simone erklärte sich einverstanden. Der Vorschlag kam ihr und ihrer Unzufriedenheit über das, was sie in konventionell-bürgerlichen Ehen beobachtet hatte, entgegen. Simone stimmte auch Sartres Diktum der »Transparenz« zu – dem Schwur, einander niemals anzulügen, wie Verheiratete das taten. Sie wollten sich vielmehr alles sagen und Gefühle, Arbeit und Pläne miteinander teilen.

Dieser Pakt ermöglichte es Sartre, weiterhin andere Frauen zu verführen, zu reisen und Abenteuer zu erleben, und verminderte seine Angst, sich binden zu müssen oder von einer Frau völlig vereinnahmt zu werden. Für Simone hingegen war alles sehr viel schwieriger. Sie begrüßte zwar rational die Form der vorgeschlagenen Vereinbarung und hatte auch tatsächlich das Gefühl, daß sie sie wirklich wollte, weil sie ihrem Wunsch entgegenkam, eine unabhängige Frau und Schriftstellerin zu sein. Als Frau der zwanziger Jahre konnte sie sich jedoch weit weniger leicht auf kurze, oberflächliche Verhältnisse einlassen als Sartre. Und selbst wenn die gesellschaftliche Moral es erlaubt hätte, wäre es aufgrund ihrer puritanischen Erziehung nicht ohne Probleme möglich gewesen. Das wird in einem der wenigen Abschnitte, in denen Simone de Beauvoir über ihre eigene Sexualität schreibt, klar.

Die Beziehung zu Sartre hatte Simones körperliche Begierden geweckt, aber mit ihrem puritanischen Hintergrund bedeutete das nicht unbedingt ungetrübtes Glück. Sie war schockiert über ihre eigene Sinnlichkeit, überwältigt von der Lust, die sie nun spürte. Während Sartres häufiger Abwesenheit unterlag ihr Körper Launen, die sie nicht unterdrücken konnte. Sie empfand die Kluft zwischen ihrem bewußten Willen und ihrer starken Sinnlichkeit als höchst beunruhigend:

... von den Haarwurzeln bis zu den Fußsohlen wob sie [die Sehnsucht] ein Nessushemd über meine Haut. [...] Ich hatte meine puritanische Erziehung gerade weit genug abgeschüttelt, um meinen Körper ohne Hemmung genießen zu können, aber nicht genug, um seine Aufdringlichkeit hinzunehmen; seine Gier, sein Betteln und Jammern stießen mich ab. Ich war gezwungen, eine Wahrheit einzugestehen, die ich seit meiner Jungmädchenzeit zu verschleiern gesucht hatte: seine Begierden waren stärker als mein Wille. In den Fieberschauern, den Gesten, den Akten, die mich an einen erwählten Mann banden, erkannte ich die Impulse meines Herzens und meiner Freiheit wieder; aber mein einsames Schmachten verlangte wahllos nach irgendeinem Partner.[10]

Simone akzeptierte die Leidenschaft in Verbindung mit der Liebe, aber die Entdeckung, daß jeder Mann der Richtige ist, wenn nur die Begierde groß genug ist, erschütterte sie zutiefst. Sie konnte nun weder dieser Lust, die ihren Körper beherrschte, so leicht nachgeben, noch sie – und das war wichtiger für sie – Sartre gegenüber eingestehen, dem sie doch geschworen hatte, alles zu sagen.

... wenn ich etwas nicht zu gestehen wagte, dann war es wirklich unaussprechlich. Durch dieses Schweigegebot, das er mir auferlegte, wurde aus meinem Körper statt einer Brücke eine Schranke, und das erbitterte mich maßlos.[11]

In einem ihrer allerletzten Interviews sagte Simone de Beauvoir, daß ihr Geist immer sehr viel stärker gewesen sei als ihr Körper und ihre Begierden. Die oben zitierten Passagen deuten jedoch darauf hin, daß auch bei ihr Körper und Geist wohl eher im Hader lagen und daß sie vielmehr dieser besonderen Beziehung zu Sartre zuliebe und als Folge ihrer Erziehung den Geist die Oberhand gewinnen ließ. Diese Vorliebe für das Rationale, Intellektuelle prägte ihre Bewertung der Situation der Frau wie auch den Weg zur Unabhängigkeit, den sie in *Le deuxième Sexe* aufzeigte.

Simone richtete ihren Groll in dem oben zitierten Abschnitt nicht gegen Sartre, der Teil ihrer verwirrten Gefühle war, sondern gegen sich selbst. Ihr Körper war ihre Weiblichkeit, jener Teil von ihr, der gezähmt werden mußte. Ihre rationale, bewußte Seite, die für die Welt um sie herum wichtig war, konnte nur dominieren, wenn sie selbst durch einen Akt der Selbstkontrolle ihre Begierden unterdrückte.

Sartres Einstellung gegenüber der weiblichen Sexualität blieb bis an sein Lebensende zwiespältig. Er liebte die Frauen und zog sie wegen ihres Einfühlungsvermögens den Männern als Freunde vor. Er mußte sie erobern und das Gefühl haben, daß sie ihn vor allen anderen Männern als Objekt ihrer Begierde gewählt hatten. Aber sobald er die betreffende Frau verführt, sobald sie sich ihm ganz unterworfen hatte, interessierte er sich sexuell nicht mehr für sie. In seinen ganzen philosophischen und fiktionalen Werken findet sich ein gewisser Ekel vor dem Körper, jenem Mythenreich des Weiblichen, eine Angst vor allem, was die Kultur mit der weiblichen Sexualität in Verbindung bringt. Sartre hatte Angst davor, vereinnahmt, verschlungen zu werden. Seine Werke stecken voller Anspielungen auf das Ekelerregende, Sumpfige, Feuchte und Zähe des Körperlichen gegenüber der Härte und klaren Schärfe des Geistes. Obwohl seine Persönlichkeit nach außen hin so freundlich und einnehmend wirkte, gestand Sartre selbst, innerlich kalt zu sein. Er verspürte jenes Gefühl körperlicher Verzückung nicht, das drohte, das dominierende Bewußtsein zu beherrschen. Er fühlte nur Verachtung dafür. Das betraf nicht nur die Sexualität, sondern auch sein Verhältnis zu seinem eigenen Körper. In seinen vielen Krankheiten nahm er den Schmerz fast nicht wahr, weil sein Wille zur Selbstkontrolle so stark war.

Trotz ihres viel leidenschaftlicheren Wesens war Simone in dieser Hinsicht dann letztlich doch so etwas wie Sartres Ebenbild. Auch sie verachtete das Gefängnis des Körpers und seiner Begierden und räumte zum einen wegen ihres eigenen kulturellen Hintergrundes, zum anderen wegen Sartres philosophischen und persönlichen Einflusses auf sie, dem Intellekt die Vormachtstellung ein. Sie war gefangen in jener kartesianischen Spaltung von Geist und Körper, von Rationalem und Irrationalem. Deshalb warnte sie immer wieder vor den Fesseln des Körpers und der Sexualität, die die Freiheit der Frau, wie sie sie erlebte, beschnitten.

In ihrer umfangreichen Autobiographie handelt Simone de Beauvoir die Gefühle ziemlich kurz ab, die wohl einen Bruch ihrer Beziehung zu Sartre herbeigeführt hätten, wenn sie ihnen freien Lauf gelassen hätte. Sie konstruiert vielmehr eine beispielhafte Vergangenheit, in der sie selbst ihre eigene Heldin ist. Diese Heldin besitzt, wie sie immer wieder schreibt, eine Begabung zum Glück.

Um das Glück ihrer Verbindung mit Sartre, einer Verbindung, die sie selbst als den großen Erfolg ihres Lebens bezeichnete, aufrechtzuerhalten, konzentrierte sich Simone de Beauvoir hartnäckig auf ihre positive Seite. Genauso, wie sie gewisse Dinge in dieser höchst aufrichtigen und offenen Beziehung mit Sartre nicht besprechen konnte, genauso muß sie auch in dieser höchst aufrichtigen Autobiographie verschiedene Aspekte aussparen.

Nur sehr selten deutet Simone in ihrer Autobiographie überhaupt Veränderungen in ihrem Verhältnis zu Sartre an, wenn er wieder eine seiner »Zufallslieben« begann. Sie beschreibt ihre eigene Eifersucht nur ganz am Rande und tut sie als unpassendes Gefühl ab. In ihrem Kampf um die Einlösung ihres ursprünglichen Paktes, um ein nach außen hin ebenso rationales Verhalten, wie es Sartre, der Mann, an den Tag legt, verdrängt, vergißt, umgeht und spart Simone de Beauvoir eine Reihe von Belangen aus, die im Mittelpunkt ihrer fiktionalen Schriften stehen. Wie wir jedoch später sehen werden, lassen ihre literarischen Werke nur wenige Zweifel an den Schwierigkeiten aufkommen, zu denen ihr Abkommen mit Sartre führte. In ihrem ganzen fiktionalen Werk sind die Eifersucht – besonders die Eifersucht unter Frauen – und die Launen liebender Frauen ein zentrales Thema.

Es ist etwas Heldenhaftes an Simones Bereitschaft, die Herausforderung einer Beziehung anzunehmen, die eine größere »Unabhängigkeit« von ihr verlangte, als sie eigentlich gewollt hatte. Außerdem war Sartre eher überrascht, daß sie seine Vorstellungen von notwendigen und Zufallslieben akzeptierte. Bevor er Simone kennenlernte und auch noch danach, war er immer darauf bedacht, seine Unabhängigkeit von allen Frauen zu bewahren und seine völlige Freiheit zu behaupten. Wie er später ironisch zugab, war das damals kaum nötig: Im großen und ganzen war er es, der hinter den Frauen her war. Bis zu diesem Zeitpunkt hatte ihm noch keine Frau mit ihrer eifersüchtigen Liebe Fesseln anlegen wollen. Er hatte seinen Vortrag über die Freiheit, die große Männer so dringend brauchten, schon bei verschiedenen anderen Gelegenheiten gehalten und war dabei nur auf geringe Gegenliebe gestoßen. Simone schlug ihn mit seinen eigenen Waffen, schreibt er in *Carnets de la drôle de guerre (Tagebücher. November 1938 – März 1940)*. Der Biber akzeptierte die Freiheit, auf der er bestand, und wurde zu ihrem Hüter. Sartre bemerkt, daß er töricht genug war, sich daraufhin einer gewissen Melancholie hinzugeben, statt sein außerordentliches Glück anzunehmen.

Er meinte selbstkritisch wie immer, er habe nie gewußt, wie er sein Geschlechts- und Gefühlsleben eigentlich richtig führen solle. Er fühlte sich so sehr als Schwein, als so eine Art akademischer Sadist, als pedantischer Don Juan, daß er sich schon ekelerregend fand. Simone diente ihm das ganze Leben lang als »moralisches Gewissen« und »kleine Richterin«.

Sartre schlug Simone zunächst einen Zweijahrespakt vor. In dieser Zeit würden sie ihre vereinbarte Freiheit nicht nutzen, sondern sich völlig ihrer noch jungen Liebe hingeben – wenn auch nicht unter ein und demselben Dach. (Sartre brachte dann achtzehn Monate dieser Frist im Wehrdienst als Meteorologe in Tours zu.) Danach würden sie sich zwei oder drei Jahre trennen: Er machte sich Hoffnungen auf eine Anstellung in Japan. Ihre Beziehung sollte keinesfalls zu Pflicht oder Gewohnheit verkommen. Simone de Beauvoir schreibt, daß Sartres sofortiger Plan einer Trennung gleich nach dem Abschluß des Paktes in ihr gewisse Bedenken erzeugte. Doch sie vertraute ihm genug, um zu wissen, daß er wirklich meinte, was er sagte, wenn er ihr versprach, daß nichts sie trennen würde.

Und das sollte sich dann auch bewahrheiten. Zwar litt Simone offenbar weit häufiger und heftiger unter unglücklichen Gefühlen als Sartre. Zwar hing sie emotional in einer Weise von Sartre ab, die allen ihren erklärten Überzeugungen völlig entgegenlief. Zwar mußte sie sich mit recht greifbaren Eifersuchtsgefühlen, mit Zerwürfnissen und »Zufallslieben« auseinandersetzen – aber dennoch blieben Simone de Beauvoir und Jean-Paul Sartre bis zum Ende beisammen. Man kann eine Beharrlichkeit, die so viel Gutes und gleichzeitig so viel Schlechtes verkraftete, eigentlich nur bewundern. Es ist jedoch klar, daß Simone de Beauvoir mehrmals die Wiederbelebung einer Beziehung übernahm, die Sartre, der sein ganzes

Leben lang ein Frauenheld blieb, von sich aus vielleicht aufgegeben hätte.

Aber es besteht keinerlei Zweifel daran, daß Sartre jene wesentlichste aller Beziehungen hochschätzte. Das Wunderbare an Simone, dem Biber – so Sartre –, war, daß sie die Intelligenz eines Mannes und die Sensibilität einer Frau besaß. In ihr fand er alles, was er sich von einer Frau nur wünschen konnte. Sie war seine engste Freundin, und diese Freundschaft, in der alle Gedanken und Einstellungen geteilt wurden, erneuerte sich immer wieder. Das Ergebnis ihres »Bundes« war schließlich überwältigendes Glück.

Simone blieb durch all die Jahre hindurch Sartres strengste Kritikerin und Bearbeiterin. Sartre widmete sein ganzes philosophisches Werk ihr. Sobald Simone einer seiner Ideen oder Schriften das Imprimatur erteilt hatte, zählte kein anderer Kritiker mehr. Sartre gestand, daß er eigentlich für sie schrieb und sie seine Schriften dann filterte. Sartre begann *La Nausée (Der Ekel)* in Form einer philosophischen Abhandlung, verlieh ihm aber dann schließlich auf Simones Anraten seine jetzige fiktionale Form. Jedesmal, wenn sich das Paar – selbst nach langen Trennungen – wieder traf, begann die philosophische Auseinandersetzung wieder neu. 1977 bemerkte Sartre dazu, daß zwischen ihnen eine tiefe Verbindung herrsche, die bisweilen fast ein einziges Individuum erzeuge, ein »Wir«, das nicht aus zwei »Du« bestehe, sondern tatsächlich ein »Wir« bilde. Dieses »Wir« habe er mit Simone de Beauvoir sein ganzes Leben hindurch genossen.

Die Langlebigkeit der Beziehung zwischen Simone de Beauvoir und Jean-Paul Sartre ist um so erstaunlicher, als das Paar gemäß seiner ursprünglichen Vereinbarung nicht heiratete und kinderlos blieb. Das eine Mal, als Sartre eine Heirat vorschlug, so daß Simone, die Angst vor einer drohenden Trennung hatte, in derselben Stadt wie er hätte unterrichten können, wehrte Simone sich sofort gegen diesen Gedanken. Es hätte ihren damaligen anarchistischen Prinzipien widersprochen, sich den Institutionen und dem gesellschaftlichen Druck zu beugen. Außerdem, so schreibt de Beauvoir: »Die Ehe verdoppelt die familiären Verpflichtungen und den gesellschaftlichen Ballast.«[12]

Aus den weiteren Zeilen ihrer Erklärung für ihre Weigerung, Sartre zu heiraten, läßt sich jedoch herauslesen, daß sie dies eigentlich nicht so sehr um ihrer selbst willen tat, sondern vielmehr, weil sie die Auswirkungen auf Sartre befürchtete. – Sartre hatte sich so sehr auf seine Jugend konzentriert, daß er im Erwachsenenalter enge Bindungen brauchte, die ihm Trost spendeten.

> Aber ich sah, wie schwer es Sartre fiel, von seinen Reisen Abschied zu nehmen, von seiner Freiheit, seiner Jugend, um Professor in der Provinz und unwiderruflich erwachsen zu werden; der Zunft der Ehemänner beizutreten, hätte einen weiteren Verzicht bedeutet. Ich wußte, daß er es mir nicht nachtragen würde, aber ich wußte auch, wie anfällig ich für Gewissensbisse war und wie sehr ich sie haßte.[13]

Vielleicht erklärt jener Sartre, der sich gegen das Erwachsenwerden sträubte, auch zum Teil Simones Entscheidung, niemals Kinder zu bekommen – in ihrer erträumten Verbindung mit ihrem Cousin Jacques waren Kinder noch ein wesentlicher Bestandteil gewesen. Der Sartre, der Simone alles bedeutet, ist außerdem in gewisser Hinsicht ihr Kind, um das sie sich bis zu seinem Tode kümmert, um dessen Gesundheit sie sich sorgt und auf dessen Wohlergehen sie achtet, auch wenn es sich verantwortungslos benimmt.

Simone hatte sich wohl auch selbst mit dieser Frage wie mit zahlreichen anderen Fragen beschäftigt, die wir so gerne an sie stellen. Aber wie in vielen jener Belange, die sich direkt mit ihrer Stellung als Frau befassen, übergeht ihre Autobiographie einfach die Probleme. Die Entscheidung gegen Kinder mag an manchen Punkten ihres Lebens gut und gerne mehr innerlichen Aufruhr verursacht haben, als sie bereit ist, zuzugeben. Simone läßt in ihrem leidenschaftlichen Wunsch nach Glück, ihrem Bedürfnis, Sartre entgegenzukommen und – im nachhinein betrachtet – ihre Verbindung ins Mythische zu überhöhen, fast nur Zweifel an die Oberfläche dringen, die sich wieder ausräumen lassen. Sie betrachtet die Mutterschaft als sinnlose und ungerechtfertigte Erhöhung der Weltbevölkerung, die ihrer literarischen Berufung entgegensteht und keinen Widerspruch duldet. Anders als ihre Freundin Zaza sieht sie Kinder nicht als eine wesentliche kreative Aufgabe, die dem Schreiben gleichzusetzen ist. Und außerdem:

> Ein Kind hätte die Bande zwischen Sartre und mir nicht fester knüpfen können. Ich hatte nicht den Wunsch, daß Sartres Existenz sich in der eines anderen Wesens spiegeln und fortsetzen solle: er genügte sich, er genügte mir. Und ich genügte mir: ich träumte nicht davon, mich in Fleisch und Blut wiederzufinden. Zudem hegte ich so wenig verwandtschaftliche Gefühle für meine Eltern, daß mir die Söhne, die Töchter, die ich haben könnte, schon von vornherein als Fremde erschienen. [...] Keine schwärmerischen Vorstellungen trieben mich also zur Mutterschaft. Auch wäre sie mir mit dem Weg unvereinbar erschienen, den ich eingeschlagen hatte. Ich wußte, um Schriftstellerin zu werden, brauchte ich viel Zeit und viel Freiheit.[14]

Simone de Beauvoirs Argumentation ist in sich schlüssig und fast auch überzeugend. Wenn man die Entwicklung ihrer Auflehnung gegen bürgerliche Konventionen und ihren Schritt in die Unabhängigkeit betrachtet, ist die Entscheidung gegen Kinder nur logisch. Aber gleichzeitig darf man auch nicht vergessen, daß es sich Simone wohl noch einmal überlegt hätte, wenn Sartre Kinder gewollt hätte. So wie die Dinge standen, füllte Sartre allein sie jedoch aus.

Jener Mann, den sie ihr ganzes Leben lang mit »Sie« anredete, jener Mann, in dessen Familie sie bis zum Tod von Sartres Stiefvater geächtet wurde, blieb ihr Ebenbild. Sie waren füreinander geschaffen, und jede andere Manifestation ihrer Zusammengehörigkeit wäre überflüssig gewesen.

3

Literatur als Erlösung

Simone de Beauvoirs Leben war eine einzige lange literarische Lehre, von dem Augenblick, als sie 1921 ihr Elternhaus verließ, um sich ein selbständiges Dasein aufzubauen, bis zum Jahre 1941, als sie *L'Invitée (Sie kam und blieb)* schrieb. Für de Beauvoir und Sartre war das Schreiben eine vorrangige Verpflichtung, die einzige Tätigkeit, die dem Leben Sinn verlieh. Der alleinige Zweck eines absurden Daseins lag darin, Kunstwerke zu schaffen. Doch diese Hingabe an die Literatur – die darauf hinweist, daß de Beauvoir und Sartre vom Ethos der modernistischen Bewegung zu Beginn des zwanzigsten Jahrhunderts geprägt waren – erwies sich für Simone nicht immer als leicht. Am Anfang ihrer Beziehung zu Sartre war sie zu sehr mit ihrem eigenen Glück beschäftigt, als daß sie wirklich ernsthaft hätte schreiben können. Sie war nun von Beschränkungen und Regeln befreit, die ihr ihre Familie und ein achtbares Bürgerleben auferlegten, und konnte sich endlich ohne Rücksicht auf Verluste ins Leben stürzen. Wenn sich jemand bei Simones Vater nach ihr erkundigte, sagte er meist: »›Sie versumpft in Paris.‹«[1]

Simone de Beauvoir war nun ständiger Gast in der Welt der Kinos und Cafés der künstlerischen Avantgarde, in den Tanzlokalen und sogar den Bordellen, in jenen gesellschaftlichen Niederungen, die die Pariser Bohème so liebte. Dieses Paris der Künstler war ein internationales Paris. Der chilenische Dichter Huidobro war hier gleich neben dem Maler Robert Delaunay, dem Komponisten Varèse und Schriftstellern aus Madrid und Budapest zu sehen, die sich nur vorübergehend in der Stadt aufhielten. Sie erregten sich gegen die Dummheit des Menschen oder dachten sich absonderliche Vorhaben aus – so wollten sie zum Beispiel den Eiffelturm mit der Aufschrift MERDE (Scheiße) beleuchten. Zusammen mit einer Verkäuferin, mit der Simone sich angefreundet hatte, puderte sie sich das Gesicht totenbleich, schminkte sich die Lippen blutrot und ging zum Tanzen. Ihr Lieblingspartner war dabei ein junger Metzgersgehilfe.

Den langen Nächten folgten erschöpfte Tage, in denen sie irgendwie die Unterrichtsstunden durchstehen mußte. Besonders an den Montagen nach den Wochenenden bei Sartre in Tours, wo er seinen Militärdienst ableistete, und nach langen Fahrten in überfüllten Zügen brach Simone vor Müdigkeit fast zusammen.

Das Schreiben wurde für sie durch den Rausch der Liebe, die neuen Freunde und ihre reine Lebensfreude zu einer Plackerei. Simone war jedoch zu puritanisch geprägt, um den Gedanken an ernsthaftes Arbeiten völlig aufzugeben. Deshalb quälte sie sich mit ihrer Unfähigkeit, ihrer wahren Berufung zu folgen. Dahinter steckte mehr als nur das Problem, daß sie ihre Zeit für das Vergnügen verschwendete. Trotz ihrer gerade erst entdeckten Unabhängigkeit war Simone nun eigentlich in ihrer innerlichen und sexuellen Abhängigkeit von Sartre nichts mehr von ihr selbst geblieben, und sie hatte auch nichts mehr zu sagen. Sie schreibt, sie habe ihr ganzes Leben aufgegeben und sei nur noch ein Schmarotzer.

Diese problematische Situation, die ganz typisch ist für die in *Le deuxième Sexe* beschriebene Lage der verliebten Frau, verschärfte sich noch dadurch, daß Sartre sich am allerwenigsten eine *abhängige* Frau wünschte. Er machte sich Sorgen um Simone und warf ihr vor, daß sie keine eigenen Ideen mehr hatte. Er warnte sie davor, eine introvertierte Frau zu werden.

> Ich lief gewiß nicht Gefahr, mich in eine Hausfrau zu verwandeln, aber er verglich mich mit jenen Heldinnen bei Meredith, die erbittert für ihre Unabhängigkeit kämpfen und sich am Ende doch damit zufriedengeben, die Gefährtin eines Mannes zu sein. Ich war über mich selbst ärgerlich, weil ich ihn enttäuschte. [...] Jetzt sagte ich mir: auf das Heil eines anderen mitzusetzen, ist der sicherste Weg zum Untergang.[2]

Simone de Beauvoir betont jedoch sofort, daß sie damals die Wurzel jenes Problems nicht in ihrer Weiblichkeit sah. Sich mit einer zweitrangigen Stellung zufriedenzugeben, hätte bedeutet, sich auch als Mensch zu erniedrigen. Und gegen einen solchen Schritt begehrte ihre ganze Vergangenheit auf. Aber diese Erfahrung machte sie mit der Thematik vertraut, mit der sie sich in *Le deuxième Sexe,* ihrem einflußreichsten Buch, beschäftigen sollte.

Simone gelang es erst, jene innere Selbstsicherheit zu erlangen, die sie zum Schreiben benötigte, als sie sich zu einer vorübergehenden Trennung von Sartre entschloß. Nach dem Ende von Sartres Militärdienst zerschlugen sich seine Hoffnungen auf einen Posten in Japan. Im französischen Bildungssystem erfolgen Berufungen zu Lehrerstellen durch eine Zentralverwaltung. 1931 erhielt Sartre eine Anstellung in Le Havre. Simone war erleichtert. Die Trennung von Sartre, die sie gefürchtet, der sie aber doch zugestimmt hatte, sollte nicht eintreten. Aber schon bald nach der Nachricht von Sartres Stelle, die so angenehm nahe bei Paris lag, erfuhren sie von Simones

Anstellung in Marseille. Sie bekam plötzlich Panik. Von einer Einsamkeit zu träumen, in der sie sich ganz ihrer Arbeit widmen konnte, war etwas ganz anderes, als sie tatsächlich zu erfahren. Sartre schlug vor, zu heiraten, um die Trennung zu vermeiden. Simone lehnte ab. Sie zwang sich dazu, an ihrer ursprünglichen Vereinbarung und an ihren jugendlichen Idealen des Alleinseins festzuhalten. Sie konnte sich nicht der nun recht greifbaren Gefahr ausliefern, ihre Unabhängigkeit der Liebe zu opfern.

Im nachhinein erschien ihr ihre Ankunft in Marseille wie ein Wendepunkt in ihrem Leben. Simone war jetzt auf sich selbst gestellt und begann einen Lebensstil, der ihre Kollegen schockierte. In ihren Klassen wich sie vom vorgeschriebenen Lehrplan ab und brachte ihre eigenen Vorstellungen zu Arbeit und Gerechtigkeit, zum Wesen von Kapital und Kolonialismus ein. Sie sprach über Gide und Proust und erntete damit Klagen der Eltern über Unmoral und Rügen von ihren Vorgesetzten. Im provinziellen Marseille war schon ihr Verhalten allein skandalös. Damals war es noch ungewöhnlich, daß eine Frau etwas allein machte – und Simone machte alles allein. Sie mied die Gesellschaft ihrer Kollegen und ging ohne Begleitung in Restaurants und Cafés, um unablässig zu schreiben. Sie ging auch allein ins Kino und wanderte durch zwielichtige Hafenviertel. Noch unschicklicher waren ihre langen Wanderungen, die sie trotz der Warnungen vor dem fast unausweichlichen Schicksal der Vergewaltigung unternahm. Diese einsamen Streifzüge in die Umgebung von Marseille wurden beinahe zu einer fixen Idee. Sie entwarf komplizierte Routen und fuhr schon zu einer Zeit unerschrocken per Anhalter, in der das noch nicht gang und gäbe war. Dann kletterte sie ganze Tage in den Hügeln und Tälern des Lubéron herum und legte dabei manchmal bis zu vierzig Kilometer zurück. Diese Leidenschaft fürs Wandern gab sie erst auf, als Alter und Gesundheit sie dazu zwangen. Simone verlor nie ihr fast schon mystisches Gefühl, eins mit der Natur zu sein, auch wenn Sartre diese Verbundenheit mit intellektueller Schärfe sezierte. Er teilte ihre Leidenschaft für Streifzüge durch die Landschaft nie.

Simones Verhalten brachte ihr jedoch nicht nur Empörung, sondern auch die Bewunderung einiger weniger Schüler sowie einen Annäherungsversuch einer lesbischen Kollegin ein, der sie völlig überraschte. Aber alle Erfahrungen, die sie in jenem Jahr in Marseille machte, faszinierten sie. Sie gab sich ganz der narzißtischen Selbstbeobachtung hin. Da sie nun freie Zeit zur Verfügung hatte, begann sie einen neuen Roman. Wie in all ihren frühen Büchern – abgebrochenen wie abgeschlossenen – ging es darin um »das Zauberbild des anderen«.[3] Dabei handelte es sich nicht nur um ein philosophisches Problem, denn die Bedrohung durch andere war eine ihrer ganz persönlichen Erfahrungen. Ihre Gewohnheit, sich vorsichtig von anderen abzusondern, gründete in ihrer Furcht vor anderen Menschen, in der Weigerung, andere ebenfalls als Individuen mit eigenem Bewußtsein zu sehen, das vielleicht ihrem eigenen ähnelte. Diese Weigerung mußte einfach ihr literarisches Werk beeinflussen, in dem der imaginative Akt des »Anders-Seins« jeglicher intellektuellen Fähigkeit vorausgeht, philosophischen Problemen in Charakteren Ausdruck zu verleihen.

In jenen Jahren der literarischen Lehre hatte Simone als Kritikerin Sartres weit mehr Erfolg als als Schriftstellerin. Seine Schrift über die Kontingenz, die Simone während einer ihrer Fahrten von Marseille nach Paris las, enthielt den Keim zu *La Nausée*. Simone riet ihm, diese lange, abstrakte Abhandlung in Fiktion umzuwandeln und mit der Spannung anzureichern, die ihnen beiden bei Krimis so viel Spaß bereitete. Sie kritisierte sein Werk sorgfältig und streng. Und Sartre nahm ihren Rat wie immer an.

Simone de Beauvoir und Jean-Paul Sartre waren damals gegen jegliche Politisierung der Literatur – welche Ironie, wenn man an ihre spätere Entwicklung denkt. Politisches wie soziales Engagement jeglicher Form erschien ihnen genauso vergeblich wie die Religion. Als Simone versuchte, in Paris bei der militanten Feministin Louise Weiss, die die Zeitschrift *L'Europe Nouvelle* leitete, eine Arbeit zu bekommen, empfand diese ihre Überlegungen zur Politik und den Rechten der Frau als viel zu verschwommen. Simone hingegen war von der militanten Haltung der älteren Frau eingeschüchtert.

In den dreißiger Jahren betrachteten de Beauvoir und Sartre sich als individualistische Anarchisten, wenn man ihrer Einstellung überhaupt einen Namen geben will. Sie wußten, wogegen sie waren – nämlich gegen die bestehenden gesellschaftlichen Einrichtungen, die bürgerliche Heuchelei, die Verlogenheit der Religion –, aber sie konnten dem kein klares eigenes Programm entgegensetzen. Außerdem identifizierten sie sich auch mit keiner der linken Gruppen, mit denen sie in verschiedener Hinsicht sympathisierten. Sie sahen die Literatur als freies Reich der Phantasie und nicht als Feld sektiererischer Politik. Sie standen ihrem Freund Paul Nizan kritisch gegenüber, der Mitglied der Kommunistischen Partei war und der den Klassenkampf in seinen Romanen in den Vordergrund stellte.

Dennoch fanden wir nicht, daß wir abseits ständen. Wir wollten unseren Anteil beisteuern durch unsere Gespräche, unseren Unterricht, unsere Bücher, ein Beitrag, der eher kritisch als konstruktiv sein würde. Wir dachten jedoch damals, daß Kritik in Frankreich dringend notwendig sei.[4]

Es waren noch weitere zehn Jahre und der Zweite Weltkrieg nötig, damit sich persönlicher Radikalismus und ein Glaube an die Literatur in soziales Engagement und engagierte Literatur verwandeln konnten.

1932 erhielt Simone de Beauvoir das Angebot, in Rouen zu unterrichten, also Sartre und auch jenem Paris, das sie so sehr vermißte, viel näher. Colette Audry, eine Freundin und Kollegin von Simone, erinnert sich an die Vierundzwanzigjährige:

> [Sie war] besonders gut erzogen, bis auf ihre rauhe und hastige Art zu reden. [...] Sie erschien als eine, die sich im Glück bewegt, die mit soliden Gelüsten ausgestattet ist, mit außergewöhnlichem Eifer arbeitet und sich vergnügt, die jede Minute in Augenblicke des Glücks verwandelt, glücklich bis hinein in die Anfälle von Verzweiflung oder Verbitterung, die heftig und kurz waren wie Gewitter im Juli... Sie würde Schriftstellerin werden, dies litt kein Zweifel, weder für sie noch für uns.[5]

In Rouen erkor sich Simone eine kleine, wenig besuchte Brasserie zum Hauptquartier, wo sie Ruhe zum Schreiben hatte. Sie begann einen weiteren Roman, diesmal eine Chronik, die bereits auf *Les Mandarins* vorausdeutete, und führte ihn nicht weiter. In der Zwischenzeit führten Simone und Sartre ihren Dialog, der nie abriß, fort – egal, ob von Paris, Rouen oder Le Havre aus. Sie setzten sich mit einer Gelassenheit über alle bestehenden Theorien, sei es nun der Psychoanalyse oder der Politik, hinweg, ohne noch einen Ersatz dafür bieten zu können. Am allerliebsten analysierten sie andere – unter dem Vorwand, so Material für ihr Schreiben zu erhalten. Simone gesteht, daß sie oft vorschnell urteilte. Noch immer waren ihr andere gleichgültig, und gleichzeitig fühlte sie sich von ihnen bedroht.

Genau wie in Marseille stieß ihr Lebensstil auch in Rouen auf Kritik. Die Regionale Kommission zum Schutz des Kindes hatte eine Weisung an die Lehrer ausgegeben, nach der sie den Mädchen die Mutterschaft als ihre wahre Bestimmung darstellen sollten. Simone lehnte sich dagegen auf und wurde auf die schwarze Liste der Schule gesetzt. In ihrer Verteidigungsschrift griff sie nicht nur die Regionale Kommission voller Leidenschaft an, sondern auch die Eltern ihrer Schüler, weil sie ihrer Meinung nach mit den Nazis sympathisierten.

Im Herbst 1933 ging Sartre nach Berlin, um sich aus erster Hand über die Phänomenologie zu informieren. Er schickte Simone Briefe, in denen er darüber berichtete, wie Hitler unaufhaltsam an die Macht kam und in denen er die Massendemonstrationen und Unruhen, den Antisemitismus und die Zensur der Presse beschrieb. Simone hielt noch immer wild entschlossen an ihrem Glauben an das Glück fest und wollte wie viele Angehörige ihrer Generation die Möglichkeit eines weiteren Krieges nicht wahrhaben. Deshalb stellte sie sich politischen Belangen gegenüber taub. In ihrer Autobiographie rügt sie sich selbst für ihren Eskapismus. Doch in jener Zeit, so erklärt sie selbst, wollte sie erreichen, daß die Menschen die sinnlosen Zufälle des täglichen Lebens verachteten. Dieses störrische Festhalten an der Gleichgültigkeit nützte jedoch weder ihrem Schreiben, mit dem sie nicht vorankam, noch ihrer eigenen Verfassung. Während Sartres Abwesenheit litt sie unter Depressionen, weil sie keine Erfolge vorzuweisen hatte: »Keinen Ehemann, keine Kinder, kein Heim, keine Stellung in der Gesellschaft und sechsundzwanzig Jahre! In diesem Alter will man etwas gelten auf dieser Welt.«[6]

Obendrein teilte Sartre ihr nun auch noch mit, daß er sich in die Frau eines Kollegen verliebt hatte. Diese erste seiner »amours passionnels« – leidenschaftliche Liebschaften, nicht nur sexuelle Abenteuer – führte Simone schnell nach Berlin. Die autobiographische Beschreibung der Affäre deutet wiederum darauf hin, daß sie versuchte, ihre Gefühle zu rationalisieren. Sie klingt ein klein wenig zu sachlich:

> Aber diese Geschichte überraschte mich nicht, sie störte die Vorstellung nicht, die ich mir von unserem Leben machte, da Sartre mir von Anfang an gesagt hatte, er werde Abstecher machen. Ich hatte das Prinzip akzeptiert und akzeptierte ohne weiteres auch die Tatsache. [...] Ich war sicher, darin [in seinem Leben] einen festen Platz einzunehmen, den keine Episode seines Lebens mir streitig machen könnte.[7]

Obwohl Simone sich völlig ihrem gemeinsamen Plan hingab, die Welt zu erfahren und sie darzustellen, wühlte sie Sartres nächste Affäre innerlich auf. Aber genau das schien der letzte Auslöser für die Verwirklichung ihrer literarischen Ambitionen zu sein.

In der ersten Zeit nach Sartres Rückkehr von Berlin nach Le Havre begann sich Simones und sein Leben wieder in den alten, ausgetretenen Pfaden zu bewegen. Simone verfiel in eine Depression. Sie ging nun auf die Dreißig zu, und die Erregung über all die Entdeckungen, die sie nach dem Studium gemacht hatte, war am Abklingen. Sie fühlte sich alt. Wenn sie zuviel trank, brach sie leicht in Tränen aus. Sartre schalt sie und meinte, es sei falsch, ihre Lage metaphysisch erklären zu wollen, wenn in Wirklichkeit der Alkohol ihre Depressionen verursachte. Inzwischen begann Sartre selbst – wahrscheinlich als Folge seiner Experimente mit Meskalin – unter regelmäßigen Halluzinationen zu leiden. Er fing an, sich einzubilden, daß Häuser, an denen er vorbeiging, ihm mit ihren Zähnen nachknirschten oder daß ihn Hummer verfolgten. Er glaubte, verrückt zu werden.

Die Ursache dafür war eine Unzufriedenheit, die genauso groß, wenn nicht sogar größer als die Simones war. Sie hatte, wie sie selbst schreibt, wenigstens ihn, und seine bloße Existenz rechtfertigte für sie die Welt. Aber für ihn bedeutete ihre Beziehung selbst ohne den Bund der Ehe eine Beschneidung seiner Freiheit. Ihre Zukunft schien sich auf einem vorbestimmten Pfad voranzubewegen. Außerdem war das Unterrichten für Sartre immer schon eine Notlösung gewesen, und er fühlte sich in einer Welt voller Institutionen gefangen, die für Simone nur ein überwundenes Hindernis auf dem Weg zur Unabhängigkeit darstellten. Und die Verlage nahmen Sartres Werk trotz seiner leidenschaftlichen Hingabe recht zögernd an, so daß er sich nur ganz allmählich Anerkennung errang. Seine Depressionen hörten nicht auf.

Simone mit ihrem gesunden Menschenverstand, ihrem mangelnden Glauben an die Psychologie und ihrer fast schon hysterischen Entschlossenheit, glücklich zu sein und nur die schönen Seiten des Lebens zu sehen, versuchte ihn herauszureißen. Sie konnte nicht glauben, wie real seine Ängste und Wahnvorstellungen für ihn waren. Schließlich stellte Sartre für sie den reinen Geist und die radikale Freiheit dar. Sie interpretierte diese ungewohnte, düstere Passivität, die er an den Tag legte, als eine Art Verrat. Doch weder die von ihr voller Eifer vorgebrachten Argumente noch die gemeinsamen Reisen, die sie sonst so genossen, halfen auf lange Sicht.

In dieser trüben Zeit begann Olga Kosakiewicz sich um Sartre zu kümmern und ihm Gesellschaft zu leisten, wenn er nach Rouen kam. Olga Kosakiewicz war eine Schülerin Simones am *lycée* in Rouen. Sie war hübsch und widerspenstig und steckte voller Energie. Sie wurde für Simone und Sartre zur Verkörperung jener Jugend, die ihnen durch die Finger zu schlüpfen drohte. Olga lebte nur für den Augenblick; sie verachtete jegliches Streben und Beharren – also genau jene Wesenszüge, die Simone de Beauvoir auszeichneten und ihr zu ihrer gegenwärtigen Stellung verholfen hatten. Für sie zählten nur der Augenblick, Gefühle und extreme Erfahrungen.

In Olgas Gegenwart verschwanden all die Halluzinationen, die Sartre verfolgten. Simone de Beauvoir schreibt: »Die Schalentiere hatten sich zwar verzogen, aber einen weiten, leeren Strand zurückgelassen, der nur darauf wartete, sich mit neuen Wahnvorstellungen zu bevölkern.«[8] Simone war Sartres Besessenheit von Olga – von jedem ihrer Blicke und jeder ihrer Gesten – lieber als sein allmählicher Zusammenbruch unter seiner Wahnpsychose. Das glaubte sie jedenfalls anfangs.

Als Olga die Prüfungen für das Medizinstudium nicht bestand, das sie nach dem Wunsch ihrer Eltern absolvieren sollte, beschlossen Simone und Sartre, sie zu »adoptieren«. Mit Erlaubnis von Olgas Eltern wurde Simone ihre Mentorin und Sartre ihr Philosophielehrer. Aber obwohl Olga privat die angenehmste Gefährtin war, die man sich vorstellen konnte, war es nicht einfach, sie zu unterrichten. Ihre Trägheit siegte über jeden Versuch systematischen Lernens. Sie benahm sich weniger wie eine Schülerin von Simone und Sartre, sondern eher wie ihr »enfant terrible«, ein mythisches Geschöpf, das sie mit engelhaften und gleichzeitig dämonischen Eigenschaften ausstatteten.

Man hat behauptet, daß Olga für Simone und Sartre das Kind verkörperte, das sie nie hatten – jener Dritte im Bunde, der einer Beziehung neues Leben einhaucht und gleichzeitig die eingeschliffenen Gewohnheiten aufbricht:

> ... es schien uns angemessen und schmeichelhaft, uns für ein junges Geschöpf einzusetzen, das unsere Bemühungen auch zu nutzen wußte. Da Olga lebensfremd war, brauchte sie unsere Hilfe; dafür bereicherte sie diese Welt, die uns schon reichlich abgenutzt erschien.[9]

Simones Verwendung des pluralischen »wir« in ihren Überlegungen spricht vermutlich mehr für Sartres »ich« als für ein Gefühl, das sie beide gleichermaßen stark empfanden. Olgas Adoption hatte wohl eher für Simone ihre Nachteile als für Sartre. Er war so sehr in die junge Russin verliebt, daß Simone sich als fünftes Rad am Wagen fühlte. Der Sartre, der Olga anbetete und ihren Ansichten unterlag, war nicht mehr derselbe Mann, mit dem sie Gedanken und Werte geteilt hatte. Sartre war besessen von einem furchterregenden »anderen«.

Die Lage verschlimmerte sich noch dadurch, daß Simone sich geistig der Vorstellung von einem Dreiecksverhältnis verpflichtet fühlte. Sartre und sie hatten schon länger mit dem Gedanken gespielt, noch ein Bewußtsein in ihre Beziehung einzufügen, so daß beide gezwungen wären, sich selbst und einander durch den Blick des Außenstehenden neu zu entdecken. Die Realität sah jedoch etwas anders aus als das, was sie sich vorgestellt hatte.

Im ganz normalen Alltag gab Olga den Ton an. Sie entschied, ob sie sich mit Simone traf, die sie sehr bewunderte und in gewisser Hinsicht Sartre vorzog, oder mit Sartre – was den Vorteil hatte, daß sie damit Simone eifersüchtig und sich selbst in Simones Augen interessanter machte. Oder sie unternahmen zu dritt etwas.

Simone fühlte sich allmählich wie in einer Falle. Sie wollte nichts von den Erzählungen oder Klagen der beiden anderen über ihre Erfahrungen miteinander hören. Außerdem sah sie auch trotz ihrer Treue zu Sartre keine Zukunft für das Trio, wie Sartre sie wollte. Die angespannte Atmosphäre, der unausweichliche Voyeurismus, die deutliche intellektuelle Überlegenheit Sartres und de Beauvoirs gegenüber der jungen Olga – in vielerlei Hinsicht wurde sie zum Opfer ihrer endlosen, sezierenden Analysen –, Sartres extreme Launen, die zwischen rasender Angst und Verzückung hin- und herschwankten, wie sie Simone selbst nie in ihm ausgelöst hatte – all das stürzte Simone in ein Elend, das weit schlimmer war als bloße Eifersucht. Manchmal fragte sie sich, ob ihr ganzes Glück nicht auf einer gewaltigen Lüge beruhte.

Simone war unerschütterlich rational, gab zu, kein allzu großes psychologisches Verständnis zu besitzen, und hatte keinerlei andere enge Kontakte außerhalb des Trios. Deshalb konnte sie weder verstehen, was da vor sich ging, noch es in den Griff bekommen. Sie ergab sich in eine tiefere Verzweiflung, als sie sie jemals zuvor erfahren hatte. Die Hölle, die andere Menschen für sie bedeuteten, brach über sie herein. Und auch Sartre war nun nicht mehr Teil eines »Wir«, sondern war zum anderen geworden. Er hatte sich so sehr verändert, daß er an der Erlösung durch die Literatur, der Grundlage seines Bundes mit Simone, zu zweifeln begann.

Es läßt sich nur vermuten, daß Olgas unausgesprochenes Elend genauso schlimm war wie Simones. Als das Trio eines Abends zusammen ausging, drückte sie »mit geradezu manischer Ausdauer«[10] eine Zigarette auf ihrer Hand aus. Simone bezeichnet das als Verirrung, aber hinter dieser mutwilligen Geste sind der Schmerz über das Gefangensein in diesem Trio und ein Hilferuf zu spüren.

Olga unternahm schließlich auch den ersten Schritt dazu, dieses Dreiecksverhältnis aufzubrechen, indem sie eine Beziehung mit dem attraktiven Jacques-Laurent Bost begann. Bost war ein Schüler und Freund Sartres – ein junger Mann, für den es sich lohnte, den Menschen neu zu schaffen, wie Sartre sagte. Obwohl die drei nach Paris zogen, wo Simone nun am Lycée Molière unterrichtete, während Sartre zwischen Paris und dem nahegelegenen Laon hin- und herpendelte, änderte sich nichts an dem höllischen Dreiecksverhältnis. Olgas Schritt war nur halbherzig, und Simone mußte sich erst in eine Krankheit flüchten, um die endgültige Auflösung des Trios voranzutreiben.

Simone als Lehrerin 1937 am Lycée Molière.

Simone hatte schon immer dazu geneigt, ihren Kummer mit mehr Arbeit und größerer Anstrengung zu überspielen. Im Herbst und Winter 1936/37 schöpfte sie jedoch auch diese gewaltige Energie bis zur Neige aus. Sie hatte bereits seit längerem an den miteinander verbundenen Geschichten gearbeitet, aus denen *Quand prime le Spirituel (Marcelle, Chantal, Lisa...)* besteht, und wollte dieses Buch unbedingt zum Abschluß bringen. Sie blieb zusammen mit Olga oder Sartre oder auch mit beiden bis tief in die Nacht auf, stand dann früh auf und eilte ins *lycée.*

Die Erschöpfung forderte ihren Tribut. Simone erkrankte an einer Lungenentzündung, kam sofort ins Krankenhaus und lag viele Tage zwischen Wachzuständen und Bewußtlosigkeit, bevor endlich der lange Prozeß der Genesung einsetzte. Sie schwor sich, nun ihr Leben zu ändern. Sobald sie sich einigermaßen erholt hatte, flüchtete sie sich in ihre geliebte Provence und nahm allmählich wieder die Gewohnheit ihrer tagelangen Streifzüge auf. Die Natur hatte schon immer wie ein Heilmittel auf sie gewirkt, denn in ihr konnte sie sich verlieren und neue Kraft schöpfen. Aber in Paris hatte sich wenig geändert, und es waren zwei weitere entscheidende Schritte nötig, um die Affäre mit Olga endgültig zum Abschluß zu bringen. Bei beiden handelte es sich um wesentliche Ereignisse auf Simones Weg zu innerer Unabhängigkeit.

In den acht Jahren, seit sie mit Sartre den Pakt ihrer Beziehung geschlossen hatte, hatte Simone einfach nur zugesehen, wie Sartre seine »Zufallslieben« genoß, während sie selbst Gefangene ihrer Treue und der sich ständig regenden Eifersucht blieb. Nach ihrer Krankheit und inmitten der Probleme des Dreiecksverhältnisses mit Olga behauptete Simone nun endlich ihre eigene Sexualität und begann ein Verhältnis mit Bost. Zweifelsohne stellte diese Affäre so etwas wie eine Rache dar. Durch sie wollte Simone jenes Gleichgewicht wiederherstellen, das Sartres Beziehung zu Olga empfindlich gestört hatte. Außerdem erlangte Simone durch diese fast inzestuöse Erweiterung des Dreiecksverhältnisses neues Selbstvertrauen und größere Unabhängigkeit. Angeblich war Sartre erfreut über diesen Schritt, aber auch seine ruhige, patriarchalische Zustimmung schmälert Simones Eigeninitiative nicht. Sie war die Aktive gewesen und hatte sich auf einem jener anstrengenden Bergmärsche, auf denen nur der junge Bost mit dem kühnen Biber Schritt halten konnte, voller Nervosität an ihn herangemacht.

Der zweite – vielleicht wesentlichere – Meilenstein in Simones Entwicklung war ein Roman, den sie nun begann und der *emotional* wie auch intellektuell für sie wichtige Themen behandelte: *L'Invitée (Sie kam und blieb).* In diesem Buch läßt sie die Erfahrungen des Trios zu fiktionalem Leben erstehen und beschreibt den inneren Aufruhr, den eine stabile Beziehung beim Auftauchen einer dritten Person erfährt.

Im Jahre 1937 lebten Simone und Sartre nun endlich beide in Paris. Sie ließen sich in einem Hotel in Montparnasse häuslich nieder, wo er ein Stockwerk über ihr wohnte. Sie genossen jetzt alle Vorteile des Zusammenlebens, ohne sich gleichzeitig mit seinen Nachteilen belasten zu müssen. Simone suchte nach neuen Themen und machte sich Gedanken darüber, worüber sie wohl als nächstes schreiben sollte. Sartre wies ihr die richtige Richtung:

»Warum projizieren Sie eigentlich nicht Ihre eigene Person in das, was Sie schreiben?« sagte Sartre zu mir mit plötzlicher Heftigkeit. ... mir war zumute, als hätte ich einen Schlag auf den Kopf bekommen. »Das würde ich nie wagen!« sagte ich. Mich als Rohmaterial in ein Buch pressen, keinen Abstand mehr wahren, mich aussetzen – nein, dieser Gedanke erschreckte mich. »Wagen Sie!« sagte Sartre zu mir. Er drängte mich; ich fühlte, ich reagierte auf meine eigene Art, und genau das müßte ich ausdrücken. Wie immer, wenn er sich für ein Projekt erwärmte, beschworen seine Worte eine Fülle von Möglichkeiten, von Hoffnungen; aber ich hatte Angst. Wovor eigentlich? Mir schien, daß die Literatur, sobald ich sie mit meiner eigenen Substanz nährte, sich in etwas so Schwerwiegendes verwandeln würde wie das Glück und der Tod.[11]

Sobald Simone die Herausforderung annahm, sich auch einmal Blößen gab und das Schreiben zu einem ebenso gefährlichen Unterfangen wie das Leben selbst machte, überschritt sie die Schwelle vom literarischen Lehrlingsdasein zur Schriftstellerin. Gleichzeitig setzte sie damit dem Trio ein Ende. Sie brauchte fast drei Jahre zur Vollendung von *L'Invitée* und verwarf viele Entwürfe dazu.

In diesem Roman stellte ich mich, ich wagte mich so weit vor, daß mir zuweilen die Spanne zwischen Herz und Wort unüberwindbar erschien. ... ich mußte meinen Wahn zu Ende leben, ihm Gestalt verleihen, ohne ihn abzuschwächen, wenn ich für mich die Einsamkeit zurückgewinnen wollte, in die ich Françoise [die Heldin des Romans] stürzte.[12]

Und genau das tat Simone in *L'Invitée,* vielleicht sogar stärker, als ihr selbst bewußt war.

Françoise, eine Schriftstellerin, und Pierre, ein Theaterdirektor, mit dem sie zusammenarbeitet, haben eine offene und befriedigende Liebesbeziehung miteinander. Diese wird jedoch durch Pierres wachsendes Interesse an Xavière, einer verführerischen jüngeren Frau voller Energie, bedroht, die das Paar inoffiziell adoptiert hat. Xavière ist anfangs noch eine Freundin und ein Schützling von Françoise. Sie nimmt sie gerne in eine Zweierbeziehung auf, die auf dem Prinzip der Freiheit gründet. Doch Xavières Selbstsucht und ihr immer koketteres Benehmen Pierre gegenüber stürzt Françoise allmählich in die tiefsten Qualen der Eifersucht. Sie empfindet diesen emotionalen Sumpf als beschämend und der Vereinbarungen über ihre Beziehung unangemessen. Sie wird dadurch der Nebenfigur Elizabeth ähnlich, die die Eifersucht unter anderem deswegen plagt, weil ihr geheimes inneres Leben eigentlich leer ist. Wenn Françoise ihre Eifersucht zugäbe, wenn sie Pierre daran hinderte, Xavière zu sehen, von der er immer besessener wird, hieße das, den nüchternen Konventionen der bürgerlichen Ehe nachzugeben. Doch die Gebote des Geistes widersprechen oft den Gefühlen. Françoise ist in einen unauflöslichen Widerspruch zwischen ihren Emotionen und ihrer

Vorstellung davon verstrickt, wie sie sich eigentlich verhalten sollte. Um diesem Widerspruch zu entkommen, flüchtet sie sich in ein Delirium. Dadurch macht sie auf für sie selbst masochistische Art den Weg für Pierres und Xavières Liebe frei und weist gleichzeitig auf ihr Bedürfnis nach Mitgefühl hin. Aber diese Strategie versagt. Daraufhin beginnt Françoise eine Affäre mit dem jungen Schauspieler Gerbert. Doch Xavière betrachtet diese Flucht aus der klaustrophobischen Enge des inzestuösen Dreiecksverhältnisses als Racheakt. Françoise fühlt sich erdrückt, weil sie sich einem Bild von sich selbst stellen muß, das sie nicht akzeptieren kann. Um dieses Bild zu zerstören, das sie in Xavières Augen sieht, dreht sie in Pierres Abwesenheit das Gas an und verläßt die schlafende Xavière, die dann stirbt.

Prägnanterweise ist Pierre, Sartres Alter ego in dem Roman, nur eine recht schattenhafte Figur. Simone de Beauvoir, die es nie an Selbstkritik mangeln ließ, gibt zu, daß das eine der Schwächen des Werkes ist, aber sie wollte, wie sie selbst sagt, den Lesern kein Bild Sartres präsentieren, wie sie ihn kannte. Sie schützt nicht nur Sartre, sondern auch die Figur Pierre vor jeglicher Kritik. Françoise wirft Pierre niemals sein kindisches und egoistisches Verhalten vor. Außerdem gesteht sich Françoise, die sich sonst immer so distanziert selbst analysiert, nicht die Wut und den Groll ein, die sich durch das ganze Buch ziehen. Statt sich mit Pierre auseinanderzusetzen, richtet sie ihren ganzen Zorn gegen Xavière.

Simone selbst meint, daß der Ursprung des Buches in einem philosophischen Problem lag, das sie schon seit vielen Jahren beschäftigt hatte: Wie soll man mit dem rationalen Bewußtsein anderer Menschen und der Wirklichkeit einer Persönlichkeit, die nicht die eigene ist und die sich auch nicht wegdiskutieren läßt, fertig werden? Wenn die andere ein volles Bewußtsein besitzt, das dem eigenen gleicht, dann könnte ihre Sicht die Wahrnehmung von sich selbst und damit die eigene Existenz auslöschen. Wie Sartre es in einem späteren Werk so treffend ausdrückte: Die Hölle sind die anderen Menschen. Françoise weigert sich, jene Frau zu sein, als die sie von Xavière gesehen zu werden glaubt. Das Gefühl der Scham wäre zu groß. Es kann nur eine von beiden sein. Also löscht sie die andere aus. Françoise kommt zu einer Entscheidung und handelt nach ihr. In diesem Handeln liegt Freiheit.

Die Wahl zwischen Freiheit und Zwang ist einer der Grundsätze, auf denen Sartres und de Beauvoirs frühe Philosophie des Existentialismus beruht. Der Zwang ist das, was einem die Konventionen auferlegen, die Freiheit schafft man durch das Handeln selbst. Für eine bewußte Liebesbeziehung bedeutet das die Vereinbarung, niemals die Freiheit des Partners zu beschneiden. Wegen dieses Axioms kann Françoise in *L'Invitée* keine Forderungen an Pierre stellen. Sie kann lediglich jene andere auslöschen, die droht, ihre eigene und die Freiheit des Paares zu zerstören – Xavière.

Der Roman kleidet einerseits eine philosophische These in eine greifbare menschliche Form und zeugt andererseits von den Schwierigkeiten und den Qualen der Eifersucht, mit denen Simone sich in ihrer Beziehung mit Sartre auseinandersetzen mußte. Weder in dem Roman noch in ihrer Autobiographie stellt sie das Verhältnis zwischen Pierre und Françoise beziehungsweise Sartre und Simone in Frage. Statt dessen richten sich Zorn und Rache gegen die andere Frau.

Das Muster der gegen die andere Frau, nicht gegen den Mann gewandten Wut findet sich immer wieder in Simone de Beauvoirs Werk. In *Les Mandarins* befreit sich der Held Henri ohne große Mühe und ohne dafür zur Rede gestellt zu werden, von seiner langjährigen eifersüchtigen Geliebten. Der Leser fühlt eher mit ihm als mit seiner Geliebten Paule. *Tous les Hommes sont mortels (Alle Menschen sind sterblich)* beginnt mit einer böswilligen Handlung der Heldin gegen eine Schauspielerkollegin, auf die sie eifersüchtig ist. In *La Femme rompue (Eine gebrochene Frau)*, ihrem letzten fiktionalen Werk, beschreibt Simone de Beauvoir die Figur der alternden eifersüchtigen Ehefrau eindeutig kritisch. In *Le deuxième Sexe* stellt de Beauvoir die Eifersucht als für die abhängige, in der Liebe gefangene Frau unausweichlich dar.

Die Frau dagegen, die den Mann in seinem Anderssein, in seiner Transzendenz liebt, fühlt sich jeden Augenblick in Gefahr. Zwischen dem Verrat durch das Fernsein und der Untreue ist kein großer Unterschied. Sowie sie sich weniger geliebt fühlt, wird sie eifersüchtig. Bei den Anforderungen, die sie stellt, ist dies immer mehr oder weniger der Fall. Ganz gleichgültig, welchen Vorwand ihre Vorwürfe, ihr Kummer haben mögen, sie kommen in Eifersuchtsszenen zum Ausbruch. Auf diese Weise drückt sie die Ungeduld und die Langeweile des Wartens, das bittere Gefühl ihrer Abhängigkeit, ihren Ärger aus, nur eine verstümmelte Existenz zu besitzen. Ihr ganzes Schicksal wird mit jedem Blick in Frage gestellt, den der geliebte Mann auf eine andere Frau richtet, da sie ihr ganzes Wesen in ihm entfremdet hat.[13]

Bei einem solchen Archetypus der liebenden Frau überrascht es kaum, daß Simone de Beauvoir die vielleicht von ihr selbst empfundene Eifersucht lieber in den Hintergrund drängt und rationalisiert und sie auf jeden Fall vor Sartre verbirgt. In ihrer Liebe – einer Beziehung, die sich auf die gegenseitige Anerkennung zweier Freiheiten gründete – war kein Platz für solch archaische Gefühle. Doch die Liebe bleibt trotzdem das Hauptthema ihres literarischen Werkes. Die Beschreibung liebender, unglücklich verliebter Frauen verleiht ihren Büchern bleibende Dynamik – egal, ob sie dabei angeblich die Moral der Résistance während der Besetzung Frankreichs erforscht, wie in *Le Sang des autres (Das Blut der anderen)*, die Notwendigkeit des Engagements darstellt, wie in *Tous les Hommes sont mortels*, oder das politische und intellektuelle Leben Frankreichs in der Zeit nach dem Zweiten Weltkrieg beschreibt, wie in *Les Mandarins*.

In vielerlei Hinsicht ist *L'Invitée* gerade wegen der Unmittelbarkeit der darin gezeigten Gefühle Simone de Beauvoirs einnehmendster Roman, auch wenn sie in ihren späteren Werken ebenfalls die Themen Liebe und Eifersucht mit wechselndem Erfolg behandelte. *L'Invitée* mag es an einer gewissen romantechnischen Raffinesse mangeln, aber der Mord an Xavière (Olga) und der Weg, der darauf zuführt, wirken letztlich unvermeidlich – ganz, als ob Simone ihr Material hier einmal nicht so völlig im Griff gehabt hätte.

Das ist beinahe sicher darauf zurückzuführen, daß Simone in *L'Invitée* nicht nur die bewußte Vorstellung des Mordes an Xavière/Olga verwirklicht. Das Buch wirkt auch durch eine ganze Ansammlung von unbewußten Phantasien, und gerade sie sind es, die ihm seine besondere klaustrophobische und inzestuöse Dichte verleihen. Wenn Simone gleich Françoise ist – gleichzeitig Mutter und Rivalin Xavières/Olgas in Bezug zu der Figur Pierre/Sartre –, dann ist sie auch gleich Xavière, jene Tochter, die im Wettbewerb um die *wesentliche* Liebe des Vaters auf ihre Mutter eifersüchtig war. Françoise war der Name von Simones Mutter, und vielleicht ist das Auftreten des elterlichen Paares in dem Buch der Grund dafür, daß zwischen ihnen keine offene sexuelle Beziehung besteht. Wenn man diesen Roman zum Teil als ödipale Liebesgeschichte innerhalb der Familie liest, versteht man jenes besondere Muster der Eifersucht zwischen Frauen, das Simone immer wieder erforscht, besser. Es sind letztlich Mutter und Tochter, die sich um den weit entrückten, über jede Kritik erhabenen Vater streiten. Wenn Simone de Beauvoir hier die Mutter gewinnen läßt, so mag das unter anderem einen Versuch darstellen, ihre eigenen ödipalen Wünsche und ihre eigenen Schuldgefühle gegenüber ihrer Mutter zu bewältigen und die Tochter in sich ein für allemal loszuwerden. Dadurch befreit sie sich gleichzeitig von jenem Kindheits-Ich, das im Vater die absolute Autorität sieht, von dem es völlig abhängt. Mit *L'Invitée,* ihrem ersten veröffentlichten Roman, beweist Simone ihre wachsende Unabhängigkeit von der Vaterfigur Sartre. Die Literatur kann in den unterschiedlichsten Formen zur Erlösung werden.

Bevor sie jedoch für Simone zur Erlösung werden konnte, mußte sich die Lage wirklich zuspitzen. Ihre Sicht der Realität mußte erst erschüttert werden. »Die Literatur tritt in Erscheinung, wenn irgend etwas im Leben aus den Fugen gerät«[14], schreibt sie in ihrer Autobiographie. In den Jahren ihrer literarischen Lehre war sie so verblendet vom reinen Glück, daß sie keinen Drang verspürte, aus diesem Zustand zu entfliehen.

> Meine Arbeitsmoral blieb lasch bis zu dem Tage, als es [das Glück] bedroht wurde und ich in der Angst eine gewisse Einsamkeit widerfand. Die unselige Erfahrung des Trios lieferte mir nicht nur ein Romanthema; sie gab mir, was viel mehr war, auch die Möglichkeit, damit fertig zu werden.[15]

Simones Werke entstanden ihr ganzes Leben hindurch als Reaktion auf schwere Krisen. *Le Sang des autres, Le deuxième Sexe, Les Mandarins, Une Mort très douce, La Vieillesse (Das Alter)* und *La Cérémonie des adieux (Die Zeremonie des Abschieds und Gespräche mit Jean-Paul Sartre)* – sie alle kann man als Symptome solcher Krisen und gleichzeitig als ihre Bewältigung lesen.

1941, als Simone *L'Invitée* fertiggestellt hatte, war ihre Welt erneut erschüttert worden – diesmal durch etwas weit Schlimmeres als eine bloße »Zufallsliebe«.

4

Die Ethik des Existentialismus

In den Jahren unmittelbar vor dem Zweiten Weltkrieg erkannte Simone de Beauvoir allmählich, daß ihre Ablehnung der Politik in sich einen politischen Akt darstellte. Sie teilte diese Einstellung mit vielen anderen, von denen sie sich sonst lieber distanzierte. Genau wie sie verschloß sie vor den Anzeichen des herannahenden Krieges die Augen. Ihre Haltung begann sich erst zu ändern, als ein spanischer Freund, der gerade zu Besuch da war, ihr die Schrecken des Bürgerkrieges und die Auswirkungen von Francos Machtergreifung in allen Einzelheiten schilderte. Er warf den Franzosen folgendes vor: Wenn die französische Regierung 1936 etwas unternommen hätte, statt sich nicht einzumischen, wäre die Republik vielleicht zu retten gewesen. Simone de Beauvoir fühlte sich persönlich angegriffen.

Als allmählich die Nachricht von Konzentrationslagern aus Deutschland herüberdrang, in denen Millionen von Antifaschisten und Juden interniert wurden, erkannte Simone langsam, daß die politische Passivität keine Lösung mehr darstellte. Bis zu diesem Zeitpunkt hatte die energische Suche nach dem Glück Simones Leben bestimmt. Ihre Begierde, soviel wie möglich zu sehen, zu lesen und zu begreifen, ihre Freude am Essen und an Reisen durch Frankreich, Spanien und Italien sowie nach

London und ihre fast schon unbezähmbare Lust auf Erfahrungen waren ihren Freunden schon sprichwörtlich. Hinter ihrer unablässigen Aktivität verbarg sich eine recht greifbare Angst vor dem Tod, eine Furcht vor jener grenzenlosen Leere, die sie damals, als sie in ihrer Jugend den Glauben an Gott verlor, laut aufschreien ließ. Das Grauen vor dem Tod, vor einem verlassenen Universum, das kein Bewußtsein kannte und deshalb auch keinen Sinn hatte, verfolgte sie ihr ganzes Leben lang. Der Krieg – und Ende der dreißiger Jahre hatte sie wieder mit Bildern des Ersten Weltkrieges zu kämpfen – brachte vielleicht den Tod, den Tod vieler Freunde, besonders der jüngeren unter ihnen, wie zum Beispiel Bost. Das erschien ihr anfangs weit schrecklicher als die politischen Veränderungen, die eine fremde Regierung möglicherweise mit sich brachte. Sie diskutierte mit Sartre darüber, daß Frankreich im Krieg schlimmer wäre als Frankreich unter den Nazis. Sartre, den die aktive Politik schon immer stärker interessiert hatte als sie, erwiderte darauf, er habe keine Lust, seine Manuskripte zu essen. Er war davon überzeugt, daß sich der Krieg nicht mehr länger verhindern ließ. Irgendwann im Frühjahr 1939 glaubte das dann auch Simone. Dieses Jahr markierte das Ende ihrer – wie sie es nennt – individualistischen, antihumanistischen Lebensweise. Simone begann den Wert der Solidarität zu schätzen.

Im nachhinein betrachtet, scheinen die Jahre davor für sie von einem völligen Mangel an Realitätsbewußtsein gekennzeichnet gewesen zu sein. Dies lag nicht nur an der behaglichen Sicherheit des Lebens, das sie und Sartre führten – auch wenn es nach außen hin noch so unkonventionell wirkte –, sondern vor allen Dingen an ihrem eigenen bürgerlichen Idealismus, ihrem Ästhetizismus und ihren verallgemeinernden Abstraktionen, die ihr den Blick auf die Politik ihrer Zeit verstellten.

Plötzlich ergriff die Geschichte von mir Besitz, ich zerbarst und fand mich über die ganze Welt verstreut wieder, mit allen Fasern an alle und jeden gebunden. Ideen, Werte, alles wurde umgestürzt; selbst das Glück verlor seine Bedeutung.[1]

Jene Simone de Beauvoir, die sich nun wie der Phönix aus der Asche erhob, ist die Frau, die man für gewöhnlich mit ihrem Namen verbindet: eine aktive Intellektuelle, die im Licht der Öffentlichkeit steht und deren Moral jeglichen Ästhetizismus von der Sorte, wie er so leicht im Elfenbeinturm entsteht, beiseite schiebt. Sie übernimmt mit ganzem Herzen Verantwortung und setzt sich für die gerechte Sache ein. Von den englischen Schriftstellerinnen läßt sich vielleicht nur George Eliot mit ihren nachdrücklich vertretenen moralischen Anliegen mit Simone de Beauvoir vergleichen.

Von September 1939, als der Krieg erklärt und Sartre eingezogen wurde, bis zu seiner Rückkehr im März 1941 nach zehnmonatiger Kriegsgefangenschaft bei den Deutschen sah sich Simone den Verwirrungen und der Panik des faulen Krieges und der deutschen Besatzung allein gegenüber. Anfangs führte sie, um nicht den Verstand zu verlieren, ein Tagebuch, las alles, was ihr unter die Finger kam, und beschäftigte sich mit fast schon zwanghaftem Eifer mit der Musik. Sobald die Menschen herausgefunden hatten, daß sie hinter geschwärzten Fensterscheiben trotz der drohenden Luftangriffe das Licht anlassen konnten, saß sie jeden Abend im Dôme oder einem der anderen Cafés und schrieb ihr Tagebuch oder endlose Briefe an Sartre und überarbeitete *L'Invitée.* Außerdem unterrichtete sie weiter. Mit der für sie so typischen Entschlossenheit und entgegen allen Erwartungen erhielt sie die Erlaubnis, Sartre zu besuchen. Normalerweise wurde das nur Verheirateten gestattet. In den vierundzwanzig Stunden, die sie beisammen sein durften, las sie die ersten hundert Seiten seines *L'Age de raison (Zeit der Reife),* während er ihr Tagebuch durchsah und ihr erneut sagte, daß sie ihre Selbstanalyse weitertreiben solle. Simone hatte angefangen, jene Fragen zu stellen, die zum Ursprung von *Le deuxième Sexe* wurden: Welche Art von Frau ist sie? Inwiefern ist sie typisch weiblich und inwiefern nicht? Zweifelsohne lehrte der Krieg Simone ein Gemeinschaftsgefühl: Sie holte zusammen mit anderen Frauen ihre Lebensmittelmarken ab und versuchte, aus dem, was sie dafür bekam, eine Mahlzeit zu zaubern. Wie sie stand sie in Behörden um Pässe Schlange, winkte ihrem Lebensgefährten am Bahnhof mit Tränen in den Augen zum Abschied nach und machte sich Sorgen darüber, ob und wann er wieder zurückkam.

Im Mai 1940 näherte sich der Krieg für Frankreich dem Ende. Kurz nacheinander ergaben sich Holland und Belgien den deutschen Truppen, die dann nach Frankreich weitermarschierten. Hitler kündigte an, daß seine Panzer Paris bis zum 15. Juni erreichen würden. Am 4. Juni wurde das Gebiet um Paris bombardiert. Simones einzige Sorge war es, nicht abgeschnitten von Sartre wie eine Maus in der Falle in der besetzten Stadt zu sitzen. Trotzdem mußte sie dort bleiben, um am 10. bei Prüfungen Aufsicht zu führen. Am 9. sagte ihr ein jüdischer Freund, daß sie Paris am nächsten Tag verlassen müßten, da es sonst zu spät sei: Die Prüfungen waren abgesagt worden.

Simone verließ Paris mit einem einzigen Koffer, in dem sie alle Briefe Sartres, die dieser seit 1929 an sie geschrieben hatte, trug. Die Straßen waren überfüllt: sechs Millionen Menschen waren auf der Flucht vor den Deutschen nach Süden unterwegs. Sie reisten in Lastwagen und Bussen, auf Fahrrädern, Pferden und Karren, oder sie gingen zu Fuß – alles war besser, als in Paris zu bleiben. In *Le Sang des autres*, Simone de Beauvoirs Roman über die Résistance, beschreibt sie die nervöse Hektik jener Tage. In Laval ließ sie ihren Koffer in einem Depot, um von einem der wenigen noch funktionierenden Telefone aus an ihrem Zielort anzurufen. Als sie wiederkam, war der Koffer verschwunden.

Am 21. Juni wurden die Waffenstillstandsvereinbarungen veröffentlicht, und damit saß Marschall Pétains Kollaborationsregierung fest im Sattel. Der Gedanke daran, daß Sartre es jetzt – sofern er überhaupt noch lebte – vielleicht schaffen würde, nach Paris zurückzukehren, milderte Simones Depressionen etwas. Sie dachte nur daran, daß sie ebenfalls in die besetzte Stadt zurück mußte, egal, wie schwierig das auch wäre. Sie fuhr einen Teil des Weges per Anhalter, und als der geringe Vorrat an Benzin für Zivilisten dann schließlich zu Ende war, beschloß sie, die noch verbleibenden knapp 180 Kilometer nach Paris zu Fuß zu gehen – obwohl es keine Lebensmittel gab und Flüchtlinge aufgrund einer allgemeinen Anordnung nicht mehr in die Stadt zurück durften, in der die Versorgungslage verzweifelt war. Sie legte die Strecke zum Teil auf der Ladefläche eines deutschen Lastkraftwagens und dann in einem Fahrzeug des Roten Kreuzes zurück und schaffte es so.

Paris wirkte in den frühen Tagen der deutschen Besatzung wie eine Geisterstadt: geschlossene Geschäfte und leere Straßen, deren Monotonie nur durch das Grau und Schwarz der deutschen Truppen oder den Lärm der Tiefflieger am Himmel durchbrochen wurde. Simone de Beauvoir war verzweifelt. Sie hatte erfahren, daß die Gefangenen höchstwahrscheinlich nicht vor Kriegsende entlassen würden. Sie zog wieder in die Wohnung ihrer Mutter, die jetzt leerstand, und ging jeden Tag in die Bibliothèque Nationale. Dort las sie jeweils von zwei bis fünf Uhr nachmittags Georg Wilhelm Friedrich Hegels *Phänomenologie des Geistes.* Die Auseinandersetzung mit diesem Text war die beruhigendste Beschäftigung, die sie sich vorstellen konnte.

Endlich, Mitte Juli, erhielt sie eine Nachricht von Sartre. Er war am Leben. Simone wußte, daß sie zu den Glücklichen gehörte, aber das Leben im besetzten Paris lastete schwer auf ihr. An dem *lycée,* wo sie jetzt unterrichtete, zwang man sie, ein Dokument zu unterzeichnen, in dem sie schwor, weder Freimaurerin noch Jüdin zu sein. Die Regierung Vichy war zwar nominell unabhängig, tat aber alles, was die Deutschen anordneten. Simone war entsetzt über die kriecherische Heuchelei Pétains: »Sie logen alle. Dieselben Generäle, diese hohen Herren, die den Krieg sabotiert hatten, weil Hitler ihnen immer noch lieber war als die Volksfront ...«[2] – jenes kurzlebige Bündnis der Linken, das vor dem Krieg an der Macht gewesen war.

Die »Botschaften« Marschall Pétains liefen Sturm gegen alles, was in meinen Augen Wert hatte, und vor allem gegen die Freiheit. Von nun an müsse die Familie eine souveräne Macht sein, müsse die Tugend herrschen und in den Schulen ein gottesfürchtiger Geist einkehren. Ich erkannte die gleiche eifernde Borniertheit wieder, die meine Kindheit überschattet hatte. Nun unterjochte sie von Amts wegen das ganze Land.[3]

Simone reagierte auf den Krieg mit Gefühlen der Angst, Wut und Ohnmacht. 1941 verlor sie ihre Stellung als Lehrerin. Die Mutter einer Schülerin (das Vorbild für die Tochter Nadine in *Les Mandarins*) hatte sich bei der Schulbehörde beschwert, daß Simone de Beauvoir ihre Tochter auf Abwege geführt habe. Sollte sich hier ein Hinweis auf ein lesbisches Verhältnis finden? Simones Schriften lassen jedenfalls mit Sicherheit darauf schließen, daß ihr die gleichgeschlechtliche Liebe als solche nichts völlig Unbekanntes war. Es gibt jedoch keine eindeutigen Beweise. Man weiß nur, daß die fragliche Schülerin, die allem Anschein nach in Simone verliebt war, sich weigerte, den Mann zu heiraten, den ihre Familie für sie ausgesucht hatte. Die rechtsgerichtete Verwaltung duldete keine unkonventionellen Verhaltensweisen, und so bekam Simone erst nach dem Krieg wieder die Gelegenheit zu unterrichten.

Der Krieg ließ in Simone de Beauvoir und Jean-Paul Sartre Verantwortungsgefühl und Solidarität heranreifen – die beiden Grundlagen der existentialistischen Moral. Sie betrachteten ihre eigene Lage nun nicht mehr als einzigartig. Simone schreibt: »Wer in diesem besetzten Frankreich noch atmete, der bejahte bereits die Unterdrückung – sogar Selbstmord hätte mich von ihr nicht frei gemacht, er hätte meine Niederlage bestätigt. Meine Rettung ging Hand in Hand mit der Rettung des ganzen Landes.«[4] Einzig und allein durch das Handeln ließ sich die allgemeine Lage überwinden.

Als Sartre im März 1941 aus der Gefangenschaft zurückkehrte, war er zum Handeln entschlossen und wollte so etwas wie eine Widerstandsbewegung aufbauen. Simone stimmte ihm zwar zu, war aber skeptischer als er. Sie litt stärker unter jener Ohnmacht, die das Leben im besetzten Paris mit sich brachte, wo die Nachrichten zensiert wurden und wo man täglich neu entdekken mußte, daß die engsten Freunde zu Kollaborateuren geworden waren. Das Kriegsgefangenenlager hatte zumindest den Vorteil gehabt, bei den Gefangenen ein Gefühl der Solidarität aufzubauen. Dagegen mußte Simone in Paris in der Isolation leben.

Entgegen aller Erwartungen kam es tatsächlich zur Gründung einer vorläufigen Gruppierung unter dem Motto »Sozialismus und Freiheit«. Sie bestand aus Schriftstellern und Intellektuellen und setzte es sich zur unmittelbaren Aufgabe, Informationen zu sammeln und zu verbreiten. Als wichtigeres Ziel hoffte die Gruppe durch das Zusammenwirken von Ideen, durch Diskussion und Nachforschungen so etwas wie ein linksgerichtetes Programm für die Zukunft erstellen zu können. Sartre schrieb in seinem ersten Nachrichtenbulletin, man müsse im Falle eines deutschen Sieges dafür sorgen, daß Deutschland keinen Frieden mehr haben würde. Um sich die Unterstützung der Intellektuellen in der Freien Zone zu sichern, überquerten Sartre und de Beauvoir heimlich die Grenze und radelten im Sommer 1941 von Dorf zu Dorf, um Kontakte zu knüpfen.

Sie hatten weder mit ihrer Mission noch mit dem ganzen Projekt »Sozialismus und Freiheit« sonderlich viel Erfolg. Der aktive Widerstand innerhalb Frankreichs wurde von den Kommunisten geführt, denen ihre straff organisierte Parteimaschinerie effektives Handeln ermöglichte. Sie standen Sartre und de Beauvoir mißtrauisch gegenüber, weil sie vor dem Krieg trotz ihrer grundsätzlichen Übereinstimmung mit dem Ziel, die bedrückende Herrschaft der Bourgeoisie abzuschütteln, der Partei nicht beigetreten waren. Ein anderer Grund war das Gerücht, daß Sartres Entlassung aus dem Kriegsgefangenenlager die Folge einer kollaborationistischen Intervention gewesen war. Für die Kommunisten konnte das nur bedeuten, daß er sich für die Deutschen als *agent collaborateur* hergegeben hatte.

Sartre und de Beauvoir waren zwar grundsätzlich bereit, mit den Kommunisten zusammenzuarbeiten, aber sie wollten sich nicht völlig mit ihnen zusammentun. Ihre Einstellung gegenüber der Kommunistischen Partei blieb wie die vieler linksgerichteter Intellektueller bis weit in die Nachkriegszeit hinein zwiespältig. Sie wollten sich – besonders in intellektuellen Belangen – nicht in die Parteilinie zwingen lassen. Außerdem konnten sie auch Stalins Außen- und Innenpolitik nicht akzeptieren. Sie blieben Individualisten oder – im Jargon der Partei ausgedrückt – kleinbürgerliche Intellektuelle. Die Kommunisten bildeten jedoch aufgrund ihrer erfolgreichen Organisation der Résistance in Frankreich die größte linke Gruppierung. Mit ihnen mußte man rechnen. Sartre stand mehrmals kurz davor, der Partei beizutreten. Simone dagegen, die persönliche Dinge, wie die schäbige Behandlung ihres Freundes Paul Nizan durch die Partei, weniger schnell vergessen konnte, dachte nie ernsthaft daran. Dieses politische Tänzchen mit der Kommunistischen Partei – immer zwei Schritte auf sie zu und dann wieder zwei Schritte von ihr weg – ist eines der Themen ihres Nachkriegsromanes *Les Mandarins.*

Jetzt, da sich »Sozialismus und Freiheit« unter anderem deshalb auflöste, weil die deutschen Repressalien gegen die Résistance so scharf wurden, daß Sartre für eine letztlich so wenig effektive Organisation wie die seine keine Menschenleben mehr aufs Spiel setzen wollte, kehrten Simone und er zu jener Form des Widerstandes zurück, die ihnen wirklich lag: zum Schreiben. Erst 1943, als tatsächlich Hoffnung bestand, daß der Faschismus niedergeschlagen werden könnte, wurde Sartre eingeladen, sich am kommunistisch geführten Comité National des Ecrivains, der Widerstandsgruppierung der Intelligenz, zu beteiligen. Simone erhielt später in jenem Jahr ebenfalls eine Einladung, und zwar als *L'Invitée* endlich erschien. Vorher hatte sie auf Anraten des Verlegers mehrere Stellen überarbeitet (unter anderen waren nun die ersten Kapitel weggefallen, in denen zum Beispiel kindliche Masturbation beschrieben wurde). Simone nahm diese Einladung nicht an, weil sie Ausschüssen gegenüber eher scheu war und weil sie das Gefühl hatte, daß ihre Anwesenheit ohnehin überflüssig wäre. Sie würde alles bis ins kleinste Detail mit Sartre besprechen, und er würde dann auch all ihre Gedanken einbringen. Die Mitglieder des CNE und ihre Sympathisanten wurden nach der Befreiung zu den Schlüsselfiguren der linksgerichteten Nachkriegsintelligenz.

Bei einer Radiosendung 1945.

Es fällt schwer, sich vorzustellen, daß das Leben in Paris während des Krieges letztlich lange Zeit »ziemlich normal« weiterging. Natürlich waren Nahrungsmittel und alle Grundversorgungsmittel knapp, und die strenge Rationierung führte zu blühenden Schwarzmarktgeschäften. Simone de Beauvoir erinnert sich daran, daß dies eine der seltenen Perioden ihres Lebens war, in denen sie selbst kochte und zu Hause aß. Natürlich waren die Menschen durch die Zensur so wenig informiert und so von der Außenwelt abgeschnitten, daß sie ständig zwischen Hoffnung und Furcht hin- und herschwankten, je nachdem, ob die Gerüchte nun Nachricht von Sieg oder Niederlage brachten. Aber trotzdem gingen das Leben und die Arbeit für die Zivilisten irgendwie weiter. Cafés, Kinos und Theater waren offen, auch wenn das Programm eingeschränkt war. Aber selbst die

Beschränkungen konnte man umgehen, denn es gab immer Mittel und Wege, die Zensur an der Nase herumzuführen. Simone traf sich regelmäßig mit ihren und Sartres Freunden – ihrer *Familie* – und knüpfte auch neue Freundschaften: Giacometti, Picasso, Adamov, Marcel Camus, Michel Leiris.

Nach der Beendigung ihres ersten veröffentlichten Romanes begann für Simone eine der fruchtbarsten Phasen ihres Lebens. *Le Sang des autres,* ihr nächstes Werk, kam schließlich nach der Befreiung von Paris im Jahre 1945 heraus. Es wurde als *der* existentialistische Roman der Résistance gelobt. Daraufhin verfaßte sie einen philosophischen Essay mit dem Titel »Pyrrhus et Cinéas« (»Pyrrhus und Cineas«) und begann einen weiteren Roman – *Tous les Hommes sont mortels.* 1943 besserte sich Sartres Ruf zusehends. Er unterzeichnete einen Vertrag mit Pathé über eine Reihe von Szenarien. Sein Stück *Les Mouches (Die Fliegen)* wurde von einem der führenden Regisseure der Vorkriegszeit inszeniert. Bald darauf folgte *Huis clos (Bei geschlossenen Türen).* Außerdem kamen sein umfangreiches philosophisches Werk *L'Etre et le Néant (Das Sein und das Nichts)* sowie ein Abschnitt von *L'Age de raison,* der erste Teil seiner Trilogie *Les Chemins de la liberté (Die Wege der Freiheit),* heraus. Zusammen mit dem Erscheinen von Simone de Beauvoirs erstem Roman und von Artikeln von Sartre und Simone in *Combat,* der Untergrundzeitung der Résistance, die der Schriftsteller Albert Camus leitete, verschaffte dies den beiden einen festen Platz in der Welt der französischen Intellektuellen. Der Existentialismus – eine Bezeichnung, die der Philosoph Gabriel Marcel für die Gedanken in Sartres und de Beauvoirs Werk prägte – trat seinen Siegeszug an. Am Ende des Krieges war diese philosophische Richtung so populär, daß Sartre und Simone sich plötzlich im Mittelpunkt des öffentlichen Interesses fanden.

Es ist beeindruckend, wie es einer Philosophie gelang, die erste echte Jugendbewegung der Nachkriegszeit ins Leben zu rufen. Was war es nun, das ein komplexes philosophisches System, welches auf der deutschen phänomenologischen Tradition von Husserl und Heidegger und auf Kierkegaard gründete, in einen Lebensstil, eine Volksreligion und ein Wort verwandelte? – Ein Wort, das alles umfaßte von den moralischen und politischen Qualen der idealistischen Jugend bis zur neuesten Mode in Kleidung, Haarschnitt, Musik und Tanz?

Der Existentialismus fand wohl vor allen Dingen deshalb in einem vom Krieg geschüttelten und gespaltenen Frankreich eine so außergewöhnliche Resonanz, weil er eine neue Moral bot – ein Wertesystem, das aus der Ablehnung aller früheren Annahmen entstand. Der Existentialismus speiste sich aus der Euphorie der Befreiung. Hier war die Möglichkeit, sich von der geschmacklosen Kollaboration der jüngsten Vergangenheit zu lösen, von der sich die Jugend auf jeden Fall distanzieren wollte. Eine neue Ära hatte begonnen. Der Mensch war nun nicht mehr der große Held, und das Universum war vielleicht sinnlos und leer. Aber trotz alledem bestand die Hoffnung, durch den Kampf um Freiheit Sinn zu schaffen.

Einfach ausgedrückt, definierte der Existentialismus eine Moral. Wie leben wir? Wir lehnen alle hergebrachten Normen und anerkannten Werte sowie die Kritik durch Gesellschaft und Staat ab und hinterfragen sie bewußt. Die Erlösung haben wir weder von einer göttlichen Macht noch von einer vorgefertigten Ideologie zu erwarten. Diese Erkenntnis hat wahrscheinlich Angst zur Folge, weil sie die Verantwortung für das Leben völlig in die Hand des Menschen legt. Aber wir müssen diese Verantwortung übernehmen, indem wir unsere Freiheit ausnutzen. Simone de Beauvoir schreibt in »Pour une Morale de l'ambiguité« (»Für eine Moral der Doppelsinnigkeit«) 1947, daß der Mensch sich nicht wie Stein oder Pflanze mit seiner bloßen Anwesenheit auf der Welt begnügen könne. Der Mensch werde erst dadurch zum Menschen, daß er nicht passiv bleiben, von der Gegenwart in die Zukunft gelangen und die Dinge beherrschen und formen wolle. Für den Menschen bedeute das Leben den Willen zum Leben und die Neugestaltung des Daseins.

Der Existentialismus machte es möglich, die Vergangenheit für die Nachkriegsjugend wieder aufzupolieren. Was den Menschen vom Tier unterscheidet, was den Zyklus sinnloser Wiederholung durchbricht, ist der Kampf um die Erfindung und Gestaltung der Zukunft. Wir definieren und befreien uns durch den Ehrgeiz und das Handeln, doch diese Freiheit läßt sich nur durch den beständigen Kampf um neue Freiheiten aufrechterhalten.

Der Mensch ist frei, doch nur insofern er diese Freiheit auf ein Ziel richtet und durch sie eine Veränderung der Welt herbeiführen will. Durch seine Aufgabe in der Welt verwirklicht sich der Mensch erst völlig. Der Mensch ist nur frei, wenn er sich ein greifbares Ziel setzt und an seiner Verwirklichung arbeitet. Doch das Ziel ist nur dann ein richtiges Ziel, wenn es frei gewählt ist.

Weder Sartre noch de Beauvoir behaupteten, daß der Kampf um die Freiheit leicht ist. Der Existentialismus ist vielmehr geprägt von einem Gefühl des Pessimismus, der sich so deutlich in den Liedern der Nachkriegszeit niederschlägt. Das Leben ist sinnlos. Nur durch das Handeln läßt es sich Bedeutung abringen. Die Lage des Menschen ist, so schreibt Simone de Beauvoir in ihrer Einführung zu »Pour une Morale de l'ambiguité«, paradox. Der Mensch ist ein Tier, das geboren wird, um zu sterben, aber er hat auch ein einzigartiges und ihm allein eigenes Bewußtsein voller Ehrgeiz. Dieses Bewußtsein ist jedoch isoliert, ein individuelles Subjekt nur für sich selbst in einer Welt von anderen. Innerhalb der Kollektivität, von der der Mensch abhängt, ist er lediglich ein Objekt, ein einziger Grashalm unter Millionen von anderen.

Simone de Beauvoirs Erinnerungen an die Greueltaten des Kriegs sind noch frisch. Deshalb betont sie die Tatsache, daß der moderne Mensch sich mehr denn je der Ambiguität seiner Lage bewußt ist.

> Sie [die Menschen] erkennen sich als höchstes Ziel, dem alles Handeln untergeordnet sein muß, und doch werden sie durch die Erfordernisse des Handelns dazu gebracht, sich gegenseitig als Mittel oder als Hindernisse zu behandeln. Je mehr Macht über die Welt sie bekommen, desto erdrückender lasten Kräfte auf ihnen, die sie nicht zu kontrollieren vermögen. Sie sind die Herren der Atombombe, und doch ist diese nur zu ihrer Vernichtung geschaffen; ... Wohl zu keiner Zeit wurde die Größe des Menschen deutlicher offenbar, aber noch nie wurde diese Größe grausamer verhöhnt.[5]

Inmitten dieser ganzen Widersprüche verkündete die existentialistische Moral ein Bedürfnis nach authentischem menschlichem Handeln, nach einem Handeln, das sich nicht durch die Diktate des Staates und die Verpflichtung der Familie gegenüber beeinflussen ließ. Sie forderte eine Authentizität, die sich auf die verantwortliche und selbstbewußte Entscheidung des Individuums gründete. Die erste Forderung des Existentialismus besagt, daß wir den Schrecken unseres Menschseins im allgemeinen und unserer Lage im besonderen erkennen und diese transzendieren, indem wir die Verantwortung für unsere Freiheit übernehmen. Dieser Kampf um die individuelle Freiheit ist an sich schon schwer genug, aber er muß zu jedem Augenblick auch noch die Freiheit der anderen berücksichtigen. Anderen diesen Kampf zu verwehren, bedeutet, sie zu unterdrücken. Den Kampf für sich selbst abzulehnen, der Qual der Entscheidung zu entfliehen und wieder in Abhängigkeit von den Umständen zu verfallen, bedeutet Rückschritt in die Unaufrichtigkeit *(mauvaise foi)*. Und dabei handelt es sich um eine der Todsünden im System des Existentialismus.

Anders als Sartre, der ein ausgereiftes philosophisches System vorstellte, verfaßte Simone de Beauvoir nur zwei Essays und eine Handvoll Artikel über den Existentialismus. Aber ihr fiktionales Werk verleiht der philosophischen Theorie eine greifbare Realität und befaßt sich mit dem Dilemma, dem sich Individuen ständig gegenübersehen, wenn sie versuchen, moralische Entscheidungen zu fällen. Bereits in *L'Invitée* stand das Problem des Ich und des anderen im Mittelpunkt – und die Lösung lag hier im totalen Individualismus. Françoise, die Heldin des Romans, tötet Xavière, jene andere, die ihre Freiheit beschränkt, um ihre eigene Freiheit zu festigen.

In *Le Sang des autres*, das als Folge von Simones Kriegserfahrungen in Frankreich entstand, präsentiert sie das Problem in moralischer und politischer Form. Hier berücksichtigt sie auch die Tatsache, daß der Mensch gleichzeitig Gesellschaftswesen und Individuum ist.

Jean Blomart ist der existentialistische Held schlechthin. Er stammt aus einer wohlhabenden Druckerfamilie, lehnt sich gegen seine bevorrechtete Stellung auf, arbeitet schließlich für eine Konkurrenzfirma und wird Gewerkschaftsführer. Aber seine politische Haltung hat den Tod eines jungen Menschen zur Folge, der im Verlauf einer handgreiflichen Auseinandersetzung wegen eines politischen Themas umkommt. Jean zieht sich in die Einsamkeit zurück und lehnt nunmehr emotionales und politisches Engagement ab. Dieser Todesfall hat ihn davon überzeugt, daß jegliche Entscheidung willkürlich ist. Jegliches Handeln – egal, ob aus romantischen oder politischen Motiven –, das den Menschen an der Gestaltung des Lebens eines anderen beteiligt, ist absurd und zugleich eine Beschneidung der Freiheit des anderen. Es gelingt ihm nicht, einen moralischen Kodex zu formulieren, der allen Menschen gerecht wird. Schließlich zwingen ihn jedoch der Krieg und die deutsche Besatzung zum Engagement. – Er wird einer der Führer der Résistance und organisiert Aktivitäten der Guerillas: »›Ich habe in diesem Krieg gelernt, daß das Blut, das man spart, ebensowenig zu sühnen ist, wie das Blut, das man vergießt‹, ... ›Denken Sie an all die Menschenleben, die durch unseren Widerstand vielleicht gerettet werden.‹«[6]

Der Roman zeigt uns am Anfang Blomart am Bett seiner Geliebten Hélène, die bei einer von ihm angeordneten Mission für die Résistance tödlich verwundet worden ist. Wegen Blomarts Entscheidung zu handeln, mußte ein unschuldiger Mensch sterben. Dieses Problem verfolgte Sartre und Simone in den Tagen von »Sozialismus und Freiheit« und den ganzen Krieg hindurch. Hélène, die Heldin des Romans, löst das moralische Dilemma für Blomart. Mit ihrem letzten Atemzug verkündet sie ihre eigene Entscheidungsfreiheit: *Sie* hatte den Beschluß gefaßt zu handeln; sie hatte so auch ihren eigenen Tod herbeigewünscht. Blomarts Gewissen ist dadurch nicht beruhigt, aber er ist bereit, den Kampf um die Freiheit weiterzuführen. Simone de Beauvoir notiert in ihrer Autobiographie, daß der wahrhaft moralische Mensch niemals ein völlig reines Gewissen haben kann: Freiheit, Furcht und Zittern gehören zusammen. An Hélènes Sterbebett überlegt Blomart:

Aber wenn ich nichts weiter tue, als dieses höchste Gut zu verteidigen, [...] die Freiheit ... dann wäre meine Leidenschaft nicht unnütz gewesen. Du hast mir nicht den Frieden gegeben; aber wozu wollte ich Frieden? Du hast mir den Mut gegeben, für immer Angst und Gefahr auf mich zu nehmen, alle meine Verbrechen zu ertragen und auch die Gewissensbisse, die mich unaufhörlich zerreißen werden. Es gibt keinen anderen Weg.[7]

Obwohl der Roman manchmal in einen melodramatischen und didaktischen Ton verfällt, den Simone de Beauvoir später selbst heftig kritisierte, liest er sich gut und flüssig. Er hatte sofort riesigen Erfolg. Das war nicht der Fall bei ihrem einzigen Versuch mit dem Drama, dem Genre, in dem Sartre so große Anerkennung erntete. Der Titel von *Les Bouches inutiles* leitet sich aus der Bezeichnung her, die man in den italienischen Stadtstaaten jenen Frauen, Kindern und alten Leuten gab, die getötet wurden, um während der Belagerung die Hungersnot zu lindern. Das Thema ähnelt dem in ihrem Roman über die Résistance. Hat irgend jemand das Recht, einzelne Menschen für das zukünftige Wohl der Allgemeinheit zu opfern? Simone de Beauvoirs einziges Drama ist ungeschickt konstruiert und übertrieben sentenziös. Auch seine politische Brisanz bewahrte es nicht davor, schon sehr bald wieder abgesetzt zu werden.

Die Lektüre zu *Les Bouches inutiles* lieferte Simone den Hintergrund zu ihrem nächsten Roman mit dem Titel *Tous les Hommes sont mortels (Alle Menschen sind sterblich).* Sie verstand dieses Buch als Ergänzung zu *L'Invitée* und als Antithese zu *Le Sang des autres.* In gewisser Hinsicht ist Simone de Beauvoirs ehrgeizigstes literarisches Werk *Tous les Hommes sont mortels* auch ihr größter Mißerfolg. Ihre fast schon zwanghafte Lektüre zur Geschichte und zu Hegel während der Kriegsjahre findet hier in einem rein fiktionalen Werk ihren Niederschlag. Die Handlung spielt sich zum Teil im späten Mittelalter und im sechzehnten Jahrhundert und zum Teil im besetzten Frankreich ab. Der Held des Romans ist Fosca, der ein Elixier trinkt, das ihm Unsterblichkeit verleiht. So kann er die Belagerung seiner Heimatstadt Carmona überleben, die er so gerne von der Unterdrückung befreien möchte. Sein durch Sturheit erzielter Erfolg fordert nicht nur zahllose Menschenleben, sondern führt auch zu einer inneren

Spaltung Italiens, das so wehrlos den Invasionen fremder Länder ausgesetzt ist. Als Berater Kaiser Karls V. versucht Fosca, die Welt zu einen. Er glaubt, dadurch dem Wandel der Geschichte ein Ende setzen zu können. Die Folge sind grauenhafte Massaker. Endlich erkennt Fosca, daß seine Suche nach dem absolut Guten zum Scheitern verurteilt ist. Die Menschen stehen sich feindlich gegenüber. Sie wollen das höchste Glück gar nicht. Sie wollen nur leben. Blomart litt unter seinem Glauben, für alles verantwortlich zu sein. Françoise wollte alles tun. Und Fosca lehrt die Erfahrung nun, daß man nichts tun kann. Er als Individuum kann nichts tun. Simone de Beauvoir betont, daß sich eine einzelne und absolute Vision wie die Foscas in einer Welt der Vielfalt nicht verwirklichen läßt, auch wenn die Menschen zusammen viel erreichen können. In ihrer Autobiographie erklärt Simone, daß sie mit diesem Roman auch die kommunistische Vorstellung von einer im Räderwerk der Geschichte gefangenen, monolithischen Menschheit aufgreifen wollte.

Fosca erzählt seine Geschichte Régine, einer stolzen Frau, die seine Liebe will, weil sie sich dadurch über alle anderen erhebt. Im Mittelpunkt des Blickes eines Unsterblichen zu stehen, bedeutet für sie, die Demütigung zu überwinden, die sie erfährt, weil die anderen ein Bild von ihr haben. Voller Schrecken erkennt Régine, daß genau das Gegenteil geschehen ist.

Tous les Hommes sont mortels ist reich an Doppeldeutigkeiten und erzählerischem Potential, bewegt sich aber zwischen märchenhaftem, romanzenhaftem und historischem Roman hin und her, ohne jemals einen einheitlichen Tonfall zu finden. Das Erscheinen dieses Werkes markiert das Ende der ersten Phase von Simone de Beauvoirs literarischem Schaffen, in der philosophische und moralische Fragen die erzählerische und dramatische Entwicklung vorantrieben.

Nach dem Ende des Krieges waren Simone de Beauvoir und Jean-Paul Sartre nicht mehr länger nur Schriftsteller, die sich von der Peripherie des intellektuellen, literarischen und politischen Lebens ins Zentrum vorarbeiten wollten, sondern sie waren bereits dort angelangt. In jener überschwenglichen Brüderlichkeit, die auf die deutsche Niederlage folgte, schien es nur ein kleiner Schritt von der Résistance zum Sozialismus. Nun ergab sich die Gelegenheit, die Gesellschaftsordnung umzustrukturieren, ohne damit neue Erschütterungen zu bewirken. Sartre und de Beauvoir waren mit ihrem linksgerichteten Anarchismus schon immer den Grundsätzen des Sozialismus und Kommunismus nahegestanden, aber vor dem Krieg hatten sie sie noch als Bedrohung ihrer Individualität betrachtet. Nun erschien ihnen der Sozialismus als die einzige Hoffnung der Menschheit auf die Einsetzung der demokratischen Prinzipien, an die sie glaubten.

> Die Regierung bestand aus Widerstandskämpfern, die uns, mehr oder weniger direkt, kannten. Mit vielen verantwortlichen Repräsentanten der Presse und des Rundfunks waren wir befreundet. Die Politik war zu einer Familienangelegenheit geworden, und wir hatten die Absicht, uns einzumischen. »Die Politik geht nicht mehr an dem Einzelnen vorbei«, schrieb Camus Anfang September im *Combat.* »Sie ist der direkte Appell des Menschen an andere Menschen.« An Menschen zu appellieren, war unsere Aufgabe, die Aufgabe der Schriftsteller. Vor dem Krieg hatten nur wenige Intellektuelle versucht, ihre Zeit zu begreifen. Alle – oder fast alle waren bei diesem Versuch gescheitert, [...] Wir mußten für Ablösung sorgen.[8]

Eine Möglichkeit, für Ablösung zu sorgen, bestand in der Gründung einer Zeitschrift. *Les Temps Modernes* wurde Ende 1944 ins Leben gerufen. Im Redaktionsausschuß saßen Sartre und de Beauvoir; Maurice Merleau-Ponty, der die Aufgaben des Chefredakteurs und politischen Leiters übernahm; der Philosoph Raymond Aron, ein alter Schulfreund Sartres, der gerade aus dem Free France Hauptquartier in London zurückgekommen war und als Berater von André Malraux, dem Informationsminister, arbeitete; außerdem noch einer der drei Leiter der Zeitung *Combat*. Simone wurde die Aufgabe übertragen, Papier zu beschaffen, das noch immer sehr knapp war. Sie berichtet voller Schadenfreude, wie sie den zuständigen Beamten im Informationsministerium von der Wichtigkeit des Projekts überzeugte. Die erste Ausgabe von *Les Temps Modernes* erschien am 15. Oktober 1945. Die Zeitschrift hielt sich die nächsten fünfundzwanzig Jahre im Mittelpunkt des geistigen Lebens in Frankreich und vertrat radikale und linksgerichtete Meinungen in der Innen- und Weltpolitik. Viele Schriften, die Simone de Beauvoir nach dem Krieg verfaßte – unter anderem auch einige Kapitel aus *Le deuxième Sexe* –, wurden hier zum ersten Mal abgedruckt.

Die Anfänge der Zeitschrift waren durch Meinungsverschiedenheiten im Redaktionsausschuß gekennzeichnet. Zuerst glaubte Sartre noch an die Möglichkeit, mit den Kommunisten, der größten linksgerichteten Gruppierung, die sich überdies auf ihre Ursprünge in der Arbeiterschicht berief, zusammenarbeiten und gleichzeitig unabhängig bleiben zu können. Als Informationen über Stalins Arbeitslager in den Westen sickerten und der kalte Krieg allmählich begann, erwies sich dieses Zusammenwirken jedoch als unmöglich. Wieder griff die Kommunistische Partei Sartre an, weil er sich zur Jugend hin orientierte, weil er mit dem »Naziphilosophen Heidegger« zu tun hatte und weil er während des Krieges an einem Theater gearbeitet hatte, das Juden abwies. Das alles nahm Simone in ihrem wichtigsten Roman mit dem Titel *Les Mandarins* auf.

Die Mode des Existentialismus erreichte mit der Gründung von *Les Temps Modernes* ihren Höhepunkt. Sartre und de Beauvoir wehrten sich anfangs gegen die journalistische Schublade, in die man sie kurzerhand gesteckt hatte, aber schließlich mußten sie sich dann doch damit abfinden. Die Zeitungen waren voll von Artikeln für oder gegen sie. Sie sprachen vor gewaltigen Zuschauermengen. Während Sartres berühmtem Vortrag »L'Existentialisme est un humanisme« (»Ist der Existentialismus ein Humanismus?«) fielen Frauen in Ohnmacht, brachen Menschen in Jubelschreie aus oder störten durch zornige Zwischenrufe. In den Cafés der Rive Gauche und den existentialistischen Kneipen, wo Juliette Greco existentialistische Lieder sang und junge Leute wild Boogie-Woogie tanzten oder in angstvoller Einsamkeit in ihre Gläser starrten, waren nun existentialistisch-schwarze Pullover und existentialistisch langes, glattes Haar und dazu bleiche Gesichter die Mode. Das *Life*-Magazin brachte einen ausführlichen Bericht über den Existentialismus, und schon waren die Cafés und Kneipen voller Touristen. Die Bewegung griff auf Amerika über. Sartre wurde zum Papst des Existentialismus erhoben und Simone zur Notre-Dame-de-Sartre. Sie war nun das Vorbild der Jugend und gleichzeitig die zügellose Verrückte und Verfechterin der freien Liebe sowie einer ganzen Schar anderer Laster, und die katholische Presse hatte sie sich als Lieblingsziel für ihre Angriffe erkoren. Doch Simone führte ihr Leben genauso weiter wie vorher. Sie wohnte noch immer im Hotel, las und schrieb jeden Tag und besuchte ihre Lieblingscafés und Klubs, wo sich nun ein größerer Kreis von Freunden traf. Die einzige wesentliche Veränderung, die der Ruhm mit sich brachte, war, daß sie überhaupt nicht mehr unterrichtete – auch wenn die Hochschule sie nun wieder einstellen wollte. Für kurze Zeit wurde sie finanziell von Sartre abhängig.

»Ich habe den Frauen oft zur Selbständigkeit geraten und erklärt, sie beginne beim Portemonnaie, so daß ich eine Haltung rechtfertigen muß, die mir im Augenblick selbstverständlich war«[9], schreibt sie in ihrer Autobiographie. In Wahrheit war ihre finanzielle Unabhängigkeit jedoch gesichert, weil sie jederzeit wieder zu unterrichten hätte anfangen können. Außerdem verlangte ihr ihre schriftstellerische Tätigkeit nun etliches ab. »Sie sicherte meine moralische Unabhängigkeit. In der Einsamkeit der übernommenen Risiken, der zu treffenden Entscheidungen verwirklichte ich meine Willensfreiheit viel konsequenter, als wenn ich mich einträglichem Trott gebeugt hätte.«[10] Es gab so viel zu tun. Sie wollte Romane, Essays und Artikel schreiben, wegen einer Reportage nach Portugal fahren und schon bald Nachforschungen zu einem völlig neuen Gebiet unternehmen, an dem ihr Interesse inzwischen erwacht war.

Der Krieg hatte Simone bewußt gemacht, was sie mit anderen Frauen gemein hatte. Und er hatte ihr auch einen Unterschied verdeutlicht. 1944 hatte sie begonnen, sich mit einem neuen Kreis von Frauen zu umgeben, die etwa so alt waren wie sie selbst und von denen die meisten, anders als ihre engen Freundinnen, verheiratet waren. Sie hatten alle dieselbe Erfahrung: sie waren abhängig von einem Mann. Diese Frauen hatten Simone Dinge erzählt, die sie nie zuvor bedacht hatte. Schließlich begann sie sich über die Schwierigkeiten und Vorteile, die Gefahren und Hindernisse klar zu werden, die mit dem Frausein verbunden sind. Der Grundstein zu *Le deuxième Sexe* war gelegt. Kaum ein anderes Buch des zwanzigsten Jahrhunderts hat wohl einen solchen Einfluß auf das Bewußtsein des einzelnen und auf genau jene gesellschaftlichen Bedingungen genommen, dessen Veränderung sie sich nun als Schriftstellerin zur Aufgabe gestellt hatte.

5

Ein Leben als Frau

Als Simone de Beauvoirs vierzigster Geburtstag allmählich heranrückte, wurde die Frage »Was hat das Frausein für mich bedeutet?« für sie immer wichtiger. Simone legte von jeher Wert darauf zu betonen, daß ihre Meinung als Intellektuelle und Schriftstellerin Gewicht hatte und nicht von ihrer Stellung als Frau abhing. Sie betonte mit Nachdruck, daß sie innerhalb der Kreise, in denen sie sich bewegte, als »gleichberechtigt« – ja sogar als Gleichberechtigte mit Privilegien – behandelt wurde und sich auch so verhielt. Die Tatsache, daß sie eine Frau war, spielte dabei nur selten eine Rolle. Simone de Beauvoir war ganz klar keine Feministin. Doch sobald sie über sich selbst zu schreiben begann, nahm plötzlich ihre eigene Weiblichkeit und die Lage der Frau ganz allgemein einen vorrangigen Platz ein. Jean-Paul Sartre regte sie an, sich noch weiter mit dieser Materie zu befassen. Als Simone seinem Rat folgte, erkannte sie plötzlich, daß die Welt auf den Mann ausgerichtet war. Schon ihre Kindheit hatte sich aus männlichen Mythen gespeist, auf die sie nicht auf dieselbe Weise reagiert hatte, wie sie es wohl als Junge getan hätte.

Le deuxième Sexe (Das andere Geschlecht) ist trotz des »objektiven« philosophischen Tones, den Simone de Beauvoir darin anschlägt, eines ihrer persönlichsten

Bücher. Dieser Tonfall ist zum Teil Ergebnis ihres aufgestauten Zornes und ihrer Demütigung, auch wenn ihre Aussagen letztlich ruhig und bestimmt klingen. Und genau diese Gefühle haben Generationen von Frauen im Innersten angesprochen und unsere Verwirrung und Frustrationen eindrucksvoll aufgezeigt. Es ist sicherlich von Bedeutung, daß Simone dieses Buch in der Zeit ihrer leidenschaftlichsten »Zufallsliebe« schrieb, die ihre Beziehung zu Sartre wohl am stärksten gefährdete. Vermutlich ist es auch nicht unbedingt ein Zufall, daß ihr Interesse an der Situation der Frau gerade dann erwachte, als Sartre ein intensives Verhältnis mit einer anderen Frau hatte. Das verleiht den Abschnitten des Buches, die sich mit der Liebe beschäftigen, eine gewisse Wehmut.

In *Le deuxième Sexe,* ihrem einflußreichsten Buch, entlarvt Simone de Beauvoir die Weiblichkeit als kulturelles Konstrukt, untersucht systematisch die Widersprüche, die dem Begriff der Weiblichkeit zugrunde liegen, und greift die Vorstellung vom Geheimnis der Weiblichkeit an. Durch den Krieg hatte Simone etliches gelernt. Für sie liegt das Schicksal des einzelnen nun nicht mehr im Glück, sondern in der Freiheit. Sie beschreibt die Randstellung der Frau sowie ihr historisches und kulturelles Ausgeschlossensein vom Dasein als »Mensch« mit rücksichtsloser Ehrlichkeit. Sie schreckt auch nicht davor zurück, den eigenen Anteil der Frau an der Entstehung und Aufrechterhaltung ihrer Lage aufzudecken. Und Simone de Beauvoir will zeigen, daß es sich tatsächlich um eine *Lage,* nicht um eine von vornherein gegebene Tatsache handelt. Somit wird die Situation der Frau zu einer veränderlichen. »Man kommt nicht als Frau zur Welt, man wird es. Kein biologisches, psychisches, wirtschaftliches Schicksal bestimmt die Gestalt, die das weibliche Menschenwesen im Schoß der Gesellschaft annimmt. Die Gesamtheit der Zivilisation gestaltet dieses

Zwischenprodukt zwischen dem Mann und dem Kastraten, das man als Weib bezeichnet.«[1]

Simone de Beauvoirs Ansatzpunkt liegt in der existentialistischen Philosophie. Das heißt also, daß man der Realität direkt und ehrlich ins Gesicht sehen und danach die Verantwortung dafür übernehmen muß, sie durch den Kampf um die Freiheit zu verändern. Über die Probleme, die sich aus dieser Haltung ergeben, wird gleich noch zu sprechen sein. Zunächst einmal ist es jedoch wichtig, die Vorteile des existentialistischen Denkens für ihre Untersuchung zu sehen. Einer der vorrangigen Gedanken ist die Vorstellung vom »anderen«. In de Beauvoirs Definition nimmt die Frau in unserer Welt die Stellung der »Betrachteten«, der »anderen«, des unterdrückten Bewußtseins und Objekts ein, das immer nur vom Mann gesehen und dem deshalb der Status des Subjekts ständig verweigert wird.

Die Menschheit ist männlich, und der Mann definiert die Frau nicht an sich, sondern in Beziehung auf sich; sie wird nicht als autonomes Wesen angesehen. [...] Jedenfalls ist sie nichts anderes, als was der Mann befindet; so spricht man auch von ihr als vom »anderen Geschlecht«, worin sich ausdrückt, daß sie dem Mann in erster Linie als Sexualwesen erscheint: da sie es für ihn ist, ist sie es ein für allemal. Sie wird bestimmt und unterschieden mit Bezug auf den Mann, dieser aber nicht mit Bezug auf sie; sie ist das Unwesentliche angesichts des Wesentlichen. Er ist das Subjekt, er ist das Absolute: sie ist das Andere.[2]

Wie kam es dazu? Obwohl Simone de Beauvoir behauptet, jegliche Form des Determinismus einschließlich des biologischen zu verwerfen, widerspricht ihre eigene Erklärung dieser Behauptung zum Teil. Um dahinterzukommen, warum wir in einer Männerwelt leben, betrachtet sie frühe Gesellschaften und stellt so fest, daß »die Bindung an die Fortpflanzungspflichten eine starke Behinderung [bedeutete]«.[3]

Mit Hilfe ihres hegelianischen Ansatzes kommt sie zu dem Schluß, daß immer eine Gruppe von Menschen die andere beherrschen will, sobald zwei von ihnen zusammentreffen. Wenn beide gleichwertig sind, kommt es zu einer wechselseitigen Beziehung. Wenn eine der beiden der anderen gegenüber Vorteile oder Vorrechte besitzt, dominiert sie die andere. Der Nachteil der Frauen besteht darin, daß »Schwangerschaft, Niederkunft und Menstruation die Arbeitsfähigkeit [verminderten] und ... sie zu langen Perioden der Hilflosigkeit [verurteilten]«.[4] Die Frau war wie das Tier in der ständigen Wiederholung ihrer »natürlichen« Aufgaben, in der reinen Körperlichkeit des Lebens gefangen und schuf nichts Neues. Der Mann hingegen transzendierte das bloße »Leben«, erfand Werkzeuge und entwickelte Werte, die der Wiederholung um der Wiederholung willen jeglichen Eigenwert raubten. Das Handeln des Mannes setzte sich gegen die verwirrten Mächte des Lebens durch, machte sich Natur und Frau untertan und gestaltete die Zukunft. Der Mann wurde zum Herrn der Werte, und die Frau, die andere, wurde im Vergleich zu diesem Vorbild definiert.

Simone de Beauvoirs Beschäftigung mit Geschichte, Mythen und Literatur fördert die grundlegende, wenn auch nicht unbedingt ausgesprochene Vorstellung aller Kulturen zutage, daß das Männliche der menschliche Grundtypus ist, an dem die Frau gemessen und dem gegenüber sie definiert wird. Aus der grundsätzlichen Dualität von Subjekt und anderem, von Männlichem und Weiblichem, die de Beauvoir feststellt, ergibt sich eine ganze Reihe von Gegensätzen. Wenn das Männliche gleich der Kultur ist, ist das Weibliche gleich der Natur; wenn er für den Menschen steht, steht sie für das Tier, und so weiter in folgenden Begriffspaaren: Intellekt/Instinkt; Rationales/Irrationales; Aktivität/Passivität; Produktion/Reproduktion. Wenn der jeweils zweite der beiden Begriffe auch gelegentlich idealisiert wird, ist er doch nie der dominante, nie die Quelle des Absoluten, des Grundwertes. Die Frau erweist sich als Gefäß für das männliche andere, für seine unausweichliche Entfremdung. Während der Mann dadurch, daß er sein Menschsein definiert, sich eine frei gewählte Zukunft erschafft und ihr mit großen Schritten entgegeneilt, verwehrt es sich der Frau, die im immerwährenden Zyklus der Reproduktion gefangen ist.

Auch wenn die Frau abhängig und das andere ist, braucht sie der Mann. Im hegelianischen Dualismus von Simone de Beauvoirs System könnte der Herr nicht ohne den Sklaven überleben:

> In der Frau verkörpert sich in positiver Form der Mangel, den der Existierende in seinem Herzen trägt, und indem der Mann sich selber durch sie hindurch zu finden sucht, hofft er sich zu verwirklichen.[5]
>
> Als Schatz, als Siegespreis, Spiel und Einsatz zugleich, Muse, Führerin, Richterin, Mittlerin, Spiegel ist die Frau das Andere, in dem das Subjekt sich selber übersteigt, ohne begrenzt zu sein, und das sich ihm entgegenstellt, ohne es zu verneinen; die Frau ist das Andere, das sich annektieren läßt und doch das Andere bleibt. Dadurch aber ist sie so unerläßlich notwendig für das Glück des Mannes und seinen Triumph, daß man sagen kann: wenn sie nicht existierte, hätten die Männer sie erfunden.[6]

Als anderes verkörpert die Frau für den Mann alles, was er begehrt und zähmen will. Doch sie existiert unabhängig von den Begierden der Männer und läßt sich trotz der kulturellen Kräfte, der gesellschaftlichen Regeln und der Vielfalt in den Lehrsätzen von Religion und Aberglauben auch nicht dauerhaft zähmen. »Deshalb erfüllt sich in ihr ihr [der Männer] Traum und zerrinnt doch zugleich.«[7] Die Frustration, die sich daraus ergibt, ist wohl eine der Ursachen der Frauenfeindlichkeit. Wenn die Frau nicht dem Ideal entspricht, zu dem der Mann sie erhoben hat, wird sie als mittelmäßig und falsch hingestellt.

Simone de Beauvoir drängt die Frauen dazu, Subjekt und unabhängig zu werden und ihr Schicksal selbst zu gestalten. Sie erkennt jedoch, daß es nicht einfach ist für Frauen, ihre Situation selbst in die Hand zu nehmen – nicht einmal in einer Zeit, in der Familienplanung möglich und schon ein gewisser Schritt auf die Gleichberechtigung zu erfolgt ist. Die Männer haben noch immer überall die Macht inne.

Sich dagegen wehren mitzuspielen und das andere zu sein, würde für die Frau bedeuten, auf all jene Vorteile zu verzichten, die ihr das überlegene Geschlecht gewährt. Durch den materiellen Schutz und die moralische Rechtfertigung des Daseins, die ihr der Mann bietet, kann sie zwei Risiken auf einmal umgehen: das wirtschaftliche und das metaphysische einer Freiheit, in der sie ihre Ziele auf sich allein gestellt erreichen müßte.

Es ist leichter, sich zu fügen, meint Simone de Beauvoir. Aber wenn man den Status des anderen akzeptiert, akzeptiert man gleichzeitig eine Existenz, die nicht authentisch ist, läßt man zu, daß man ein Ding wird und damit passiv und verloren ist.

Im zweiten Buch von *Le deuxième Sexe,* das ursprünglich erst ein paar Monate nach dem ersten Buch veröffentlicht wurde, analysiert Simone de Beauvoir das Leben der modernen Frau von der Wiege bis zum Grab. Sie zeigt auf, wie kleine Mädchen, die sich zunächst einmal wie die Jungen verhalten, zu verwundeten Geschöpfen voller Schuldgefühlen geformt werden. Sie können nicht »erwachsen werden«, ohne eine weibliche Sexualität hinzunehmen, die sie zu einem verstümmelten und von vornherein festgelegten Dasein verdammt. Sie verfolgt die Auseinandersetzungen und Widersprüche einer Jugend nach, die nur das Warten auf einen

Mann zum Ziel hat. Mit einer Offenheit, die ihre Zeitgenossen schockierte, befaßt sich Simone de Beauvoir mit den ersten sexuellen Erlebnissen und der Erotik der Frau. Sie zeigt dabei auf, wie Tabus, Verbote und Vorurteile verhindern, daß die junge Frau ihre eigene Sexualität genießt.

Danach wendet sich Simone mit kritischem Blick der Ehe zu und greift mit ihr eine Institution an, die beide Partner unterdrückt und quält. Sie tritt dabei leidenschaftlich für eine Veränderung der Ehe ein, was bedeutet, daß sich die Lage der Frau ganz allgemein ändern muß. Nur wenn die Frau frei ist und sich auf sich selbst verlassen kann, ist auch der Mensch frei.

In dem Kapitel über die Mutterschaft wagt sich Simone de Beauvoir auf ein Gebiet vor, das in den vierziger Jahren noch tabu war: die Abtreibung. Sie prangert die Heuchelei der Katholiken an, die die Abtreibung verurteilen, weil ungeborene Kinder nicht getauft werden und deshalb auch nicht in den Himmel kommen können. Sie entlarvt außerdem auch die Heuchelei der Gesellschaft, die die Abtreibung bei einer Frau der Mittelschicht als »therapeutisch« beschönigt, während sie sie bei einer Frau aus der Arbeiterschicht ein Verbrechen nennt. Simone de Beauvoir argumentiert, daß Empfängnisverhütung und Abtreibung es der Frau erlauben würden, frei über die Mutterschaft zu entscheiden, was für Mutter und Kind sicher nur von Vorteil wäre. Simone hatte schon immer die geistlose Plackerei kritisiert, zu der die Mutterschaft die Frau zwang. Deshalb war sie sich auch bewußt über den kulturellen Mythos der idealisierten Mutterschaft, den die Männer erfunden hatten. Sie greift die Behauptung an, daß die Mutterschaft ganz ohne Frage den Höhepunkt des weiblichen Lebens darstellt: »Man wird ... mehr enttäuscht, als wenn man davon träumt, im Kind eine Erfüllung, eine Wärme, einen Wert zu erlangen, die man selbst nicht zu schaffen vermochte. [...] ...ebensowenig wie jedes andere Unternehmen trägt es seine Rechtfertigung in sich.«[8]

Für die Frau ist es genauso trügerisch, die Transzendenz aus dem Gefängnis ihrer Immanenz heraus erlangen zu wollen. Zuerst muß sie die Mauern dieses Gefängnisses niederreißen. Einzig und allein der kollektive Kampf um die Befreiung – besonders in wirtschaftlicher Hinsicht – wird die Situation der Frau ändern. Aber viele Frauen, so meint Simone de Beauvoir, versuchen es allein. Sie rechtfertigen ihr Dasein, indem sie ihre Knechtschaft als Freiheit hinstellen. Dieses falsche Bewußtsein ist das Schicksal des weiblichen Narziß, der Mystikerin und der liebenden Frau – bedeutende und ganz typische Beispiele für die Verstümmelung, die Frauen in ihrer Situation als anderes erleiden.

In diesen drei Fallstudien stecken einige der brillantesten Beobachtungen Simone de Beauvoirs zur Lage der Frau.

In dem Kapitel »Narzißmus« beschreibt sie jene Frau, die sich selbst zum Objekt ihrer eigenen Liebe und Begierden wählt. Für eine Frau, die bereits das andere ist und sich in der Außenwelt nicht verwirklichen kann, ist das eine einfache Lösung.

Ein Mann, der handelt, bietet notwendigerweise der Welt die Stirn. Betätigungslos, isoliert, kann die Frau weder irgendwo Fuß fassen, noch ein Maß ihrer selbst finden. Sie mißt sich eine überwältigende Bedeutung bei, weil ihr kein wichtiges Objekt zugänglich ist.

[...] Ihre Erziehung hat sie dazu ermuntert, sich ganz in ihren Körper zu entfremden, die Pubertät hat ihr diesen Körper als passiv und begehrenswert hingestellt. Er ist ein Ding, das sie mit Händen greifen kann, das Samt und Seide erregen, das sie mit dem Blick eines Liebhabers betrachten kann. Es kommt vor, daß die Frau in einsamer Lust sich in ein männliches Subjekt und ein weibliches Objekt spaltet.[9]

Aber diese Dualität ist nur ein Traum. Es kann keine wirkliche Beziehung bestehen zwischen einer Frau und ihrem eigenen Ebenbild. Und je mehr sich das Alter bemerkbar macht, desto mehr Frustrationen sammeln sich an. In ihrem Kampf um jene Bestätigung von den anderen, die so wichtig für ihre Eitelkeit, jedoch mit zunehmendem Alter immer schwerer zu bekommen ist, wird diese narzißtische Frau übersensibel, gereizt und paranoid. Die Illusion der narzißtischen Unabhängigkeit zerschlägt sich zu völliger, sklavischer Abhängigkeit.

Simone de Beauvoirs Betrachtungen zur liebenden Frau und zur Mystikerin sind besonders aufschlußreich, weil sie vermutlich ihren eigenen Erfahrungen am nächsten kommen. Sie beginnt ihr Kapitel über die liebende Frau mit der Feststellung, daß Mann und Frau der Liebe verschieden große Bedeutung beimessen. Für den Mann, das aktive, beherrschende Subjekt, ist die Frau lediglich ein Wert unter vielen. Für die Frau ist der Mann das Absolute, durch das sie ihre Transzendenz zu erlangen glaubt. Die Liebe mag zwar für die Frau der attraktivste Weg dazu sein, aber sie ist gleichzeitig auch ihre größte Falle. Die Gesellschaft versucht, die Frau bereits von Kindesbeinen an mit aller Kraft davon zu überzeugen, daß ihr Heil in der Liebe liegt. Und tatsächlich »fühlt sich [die Frau eine Weile] in einen unbezahlbaren Schatz verwandelt«[10]. Doch nach einer Zeit stellt es sich heraus, daß das gewählte Idol nicht Gott ist, und es macht sich quälende Enttäuschung breit. Der Mann, der vormals übermenschlich war, wird nun zum Unmenschen: Die liebende Frau richtet mit äußerster Strenge über ihren Richter. Schließlich verwehrt sie ihm seine Freiheit, so daß er es weiterhin verdient, ihr Herr und Meister zu bleiben. Ihre Hingabe und ihr Dienst an ihm sind absolut, also müssen es auch seine Überlegenheit und seine Aufmerksamkeit ihr gegenüber sein. Wenn er jedoch seine ganze Zeit mit ihr verbringt, sich einzig und allein auf sie konzentriert, wird er seiner Freiheit beraubt und ist nicht mehr länger der Gott, dem sie dienen möchte. In diesem Paradox liegen die vielen Fallen für die liebende Frau, der die Eifersucht ständig im Nacken sitzt. »Es gibt ... wenig Vergehen, die härter bestraft werden als dieser großmütige Fehler: Sich gänzlich anderen Händen zu überlassen«[11], schreibt Simone de Beauvoir.

Von der Bewunderung des Gottes im Manne bis zur Bewunderung Gottes selbst ist es nur noch ein kleiner Schritt. Die psychologische und sexuelle Ausgangssituation, die die liebende Frau prägt, weist Parallelen zu der der Mystikerin auf. Der Geliebte – sei es nun der Mann oder Gott – ist immer mehr oder weniger abwesend. Sie schenkt sich ihm in einem Akt des Glaubens. Egal, ob die Frau nun den Gott liebt, den sie aus dem Mann macht, oder Gott selbst: Sie lebt weiterhin auf den Knien.

Simone de Beauvoirs heftige Anklage des weiblichen Narzißmus, der Sehnsucht nach der absoluten Liebe und des Mystizismus sind darauf zurückzuführen, daß sie sie als Flucht vor Freiheit und Transzendenz versteht. Die Frau kann ihre Freiheit nur authentisch einsetzen, indem sie sie durch konstruktives Handeln in die menschliche Gesellschaft projiziert. Nur wenn sie produktiv und aktiv ist und sich an Projekten von allgemeinem Interesse beteiligt, erlangt die Frau den Status des Subjekts. Simone de Beauvoir rät zur Unabhängigkeit. Sie spielt die Schwierigkeiten, die sich dabei ergeben, jedoch nicht herunter. Es ist erstaunlich, wie treffend ihre Kommentare auch heute noch sind, wenn man bedenkt, daß seit dem Erscheinen dieses bahnbrechenden Buches mittlerweile etwa vierzig Jahre vergangen sind – Jahre, in denen die Frauenbewegung immer stärker geworden ist.

Simone de Beauvoir beschreibt, wie sehr die unabhängige Frau noch immer den Widersprüchen ihres Geschlechts- und Gefühlslebens unterworfen ist. Der Mann genießt den Vorteil, daß seine Berufung als Mensch schon von frühester Kindheit an parallel zu seinem Schicksal als Mann verläuft. Er ist nicht gegen sich selbst gespalten. Die Frau hingegen muß sich zum Objekt und Opfer machen, um ihre Weiblichkeit und ihre Sexualität zu verwirklichen.

> Sie weigert sich, sich in ihre weibliche Rolle zu verschanzen, weil sie sich nicht verstümmeln will. Es wäre aber auch eine Verstümmelung, wenn sie ihr Geschlecht von sich wiese. Der Mann ist als Mensch ein Geschlechtswesen. Die Frau ist nur dann ein vollständiges, dem Mann gleichwertiges Individuum, wenn sie auch als Mensch ein Geschlechtswesen ist. Auf ihr Frauentum verzichten, heißt auf einen Teil ihres Menschentums verzichten.[12]

Dieser Grundkonflikt für Frauen in unserer Kultur macht Beziehungen zu Männern besonders problematisch. Wie soll es die unabhängige Frau schaffen, nicht auf die Knie zu fallen und sich in ihrem Geliebten zu verlieren, wenn ihr die Idealisierung des Mannes als wesentlich für die Liebe beigebracht worden ist? Oder umgekehrt ausgedrückt: Wie soll sie erotische Erfüllung mit einem Mann finden, den sie als Gleichgestellten, nicht als Überlegenen betrachtet?

Die Mutterschaft stellt ein weiteres Problem dar: Wie soll die unabhängige, arbeitende Frau mit den Anforderungen fertig werden, die die Mutterschaft und ihr nach wie vor vorrangiger Verantwortungsbereich, das Heim, an sie stellt? Simone de Beauvoir weist darauf hin, daß »... die unabhängige Frau zwischen ihren beruflichen Interessen und den Sorgen um ihre sexuelle Berufung gespalten [ist]. Es fällt ihr schwer, ihr Gleichgewicht zu finden. Wenn sie es herstellt, geschieht es um den Preis von Konzessionen, Opfern, Kunststückchen, die sie in ständiger Spannung halten«.[13]

Diese Spannung sowie die widersprüchlichen Anforderungen und Erwartungen, die sowohl die Gesellschaft als auch sie selbst an sich stellen, sind in hohem Maße für die unterschiedlichsten Beschwerden und Krankheiten verantwortlich, unter denen Frauen leiden.

Aus *Le deuxième Sexe* geht klar hervor, daß sich die Lage der Frau erst dann ändern wird, wenn Mann und Frau mit vereinten Kräften für radikale gesellschaftliche Veränderungen eintreten. Das Buch endet mit einem Zitat von Karl Marx: »›Das unmittelbare, natürliche, notwendige Verhältnis des Menschen zum Menschen ist das *Verhältnis* des *Mannes* zum *Weibe.*‹«[14] Nur wenn wir die Versklavung der halben Menschheit aufheben, wird Freiheit herrschen.

Simone de Beauvoirs Hoffnungen scheinen hier jedoch eher im Kampf der einzelnen Frau um die Unabhängigkeit zu liegen, und zwar besonders im Kampf der Frau aus der Mittelschicht, die eine berufliche Karriere anstrebt. Viele Feministinnen haben in letzter Zeit an Simone de Beauvoirs Analyse der Situation der Frau und insbesondere an dem von ihr empfohlenen Weg zur Unabhängigkeit Kritik geübt.

Es besteht kein Zweifel daran, daß *Le deuxième Sexe* von genau jenem männlichen Vorurteil durchdrungen ist, das Simone de Beauvoir als Grund für die Lage der Frau angreift. Innerhalb ihrer Darstellung der Dualität, die sich aus der Grundopposition von Selbst und anderem, Männlichem und Weiblichem ergibt, gesteht sie immer wieder dem Männlichen den größeren Wert zu. Sie fühlt sich besonders zu Hause bei den Begriffen »Rationalität« und »Objektivität« und verallgemeinert das Gute, das ihnen möglicherweise entspringt, ohne sie genau zu prüfen. *Le deuxième Sexe* ist, wie gesagt, in vielerlei Hinsicht ein höchst persönliches Buch, und Simone projiziert ihre eigene Schwäche für das Geistige sowie ihre Bewunderung für den verallgemeinernden Intellekt auf ihre gesamte Analyse. Sie erkennt nichts Gutes in jenen Eigenschaften, die sie dem Weiblichen zuschreibt. Anders als spätere Feministinnen sieht sie nur wenig potentiell Positives in den Eigenheiten der spezifisch weiblichen Erfahrung, die sie darstellt. Für sie sind Sexualität und Mutterschaft Gefängnisse, die Wechseljahre eine Befreiung. Simone de Beauvoir nimmt außerdem auch keine Beschränkungen der männlichen Perspektive wahr. Doch das Handeln ist der Passivität unter Umständen nicht immer überlegen. Auch der Mann kommt nicht unbedingt jederzeit mit seinem Körper und seiner Sexualität zurecht. Simones eigener strikter Dualismus verstellt ihr bisweilen den Blick auf die Spielräume zwischen ihren Begriffen, die zur alltäglichen Erfahrung für Mann *und* Frau gehören. Wie Margaret Walters ganz richtig bemerkt, greift Simone de Beauvoir das Geheimnis der Weiblichkeit an, nur um dann dafür ein Geheimnis der Männlichkeit einzusetzen.

Das zeigt sich nirgends so deutlich wie in ihrer Darstellung der unabhängigen Frau:

> Die *emanzipierte* Frau dagegen möchte aktiv zupacken und verweigert die Passivität, die der Mann ihr auferlegen will. [...] Die *moderne* Frau akzeptiert ... die männlichen Werte, sie ist nicht darauf aus, analog wie der Mann zu denken, zu handeln, zu arbeiten, schöpferisch tätig zu sein. Statt daß sie die Männer herunterzuziehen sucht, betont sie, daß sie ihnen gleichkommt.[15]

Wie steht es also mit jenen Bereichen der weiblichen Erfahrung, die sich, wie Simone de Beauvoir selbst bemerkt, von der männlichen unterscheiden – Sexualität, Schwangerschaft, Mutterschaft?

Das Problem liegt zum Teil in der zentralen Argumentation von Simone de Beauvoirs existentialistischer Ethik. Die Freiheit und die freigewählte, allgemein nutzbringende Aufgabe des einzelnen zum höchsten Gut zu erklären, bedeutet, gegenüber den vielen möglichen Beschränkungen der Freiheit die Augen zu verschließen. Es bedeutet überdies, den liberalen, kapitalistischen Mann – den erfolgreichen Mann, der sich aus eigener Kraft hochgearbeitet hat und sich nach außen hin mit seiner Sorge um soziale Belange schmückt – als den menschlichen Idealtypus hinzustellen. Während des Krieges hatte Simone Sartre noch entgegengehalten, daß nicht jedes Individuum seine ganz spezifische Lage gleich aktiv transzendieren könne. Sie hatte dabei das Beispiel einer Frau in einem Harem angeführt und sich erst sehr spät – und auch nur halbherzig – vom Gegenteil überzeugen lassen. Um ihren Standpunkt noch weiter zu verfechten, hätte sie die Warte der individuellen und deshalb idealistischen Moral aufgeben müssen, die ihre Grundlage bildete.

In *Le deuxième Sexe* gibt Simone de Beauvoir diese idealistische Moral noch immer sehr ungern auf. Sie macht pro forma ein paar Bemerkungen, die sich von diesem Idealismus distanzieren. Beispielsweise schreibt sie, daß die Frau aus der Arbeiterschicht in der Arbeit wahrscheinlich nicht die Transzendenz erreicht wie die berufstätige Frau und daß die Verkäuferin vermutlich die Ehe der Plackerei und Sinnlosigkeit ihrer Arbeit vorzieht. Zusammenfassend stellt Simone fest, daß sich in diesen Fällen die Unabhängigkeit nur dann erlangen läßt, wenn die ganze betroffene Gesellschaftsschicht nicht unterdrückt ist. Sie konzentriert sich jedoch nach wie vor auf das Individuum und dabei besonders auf die berufstätige Frau aus der Mittelschicht. Ihr idealistisches Beharren auf der Freiheit verstellt ihr auch zum Teil den Blick darauf, daß sie sich sowohl den dialektischen Materialismus als auch die Psychoanalyse in ihrer Untersuchung der Lage der Frau hätte zunutze machen können. In *La Force des choses (Der Lauf der Dinge),* dem dritten Band ihrer Autobiographie, meint sie, sie würde eine materialistischere Position einnehmen, wenn sie *Le deuxième Sexe* noch einmal neu schriebe. »Ich begründete den Begriff des ›anderen‹ und den Manichäismus, der nicht aus einem a priori und idealistischen Gewissenskampf, sondern aus der Seltenheit und dem Bedürfnis hervorgeht: ...«[16] Sie schreibt außerdem: »Ich habe mich nie der Illusion hingegeben, die Lage der Frau ändern zu können. Sie hängt von der zukünftigen Entwicklung der Arbeitsverhältnisse auf der ganzen Welt ab, und sie wird nur um den Preis einer Umwälzung der gesamten Produktion wirklich zu ändern sein.«[17]

In der Zeit, in der Simone de Beauvoir *Le deuxième Sexe* verfaßt, sträubt sie sich jedoch innerlich gegen das, was sie als den Determinismus sowohl des dialektischen Materialismus als auch der Psychoanalyse begreift. Ihr existentialistischer Liberalismus wehrt sich letztlich gegen jegliche Einschränkung der Freiheit – das bedeutet, daß man Entscheidungen zwar frei fällen kann, daß sie aber dennoch an Beschränkungen und Umstände gebunden sein können, die nicht der Macht des einzelnen unterliegen. Die Kapitel in *Le deuxième Sexe,* die sich mit dem historischen Materialismus und der Psychoanalyse befassen, beweisen, daß sie hier ein wenig zu oberflächlich denkt. Besonders die Psychoanalyse blieb lange Jahre ein intellektuelles Schreckgespenst für sie. Vielleicht deshalb, weil Simone sich so eifrig dagegen wehrte, daß es möglicherweise unbewußte Phantasien gab, die sie nicht kontrollieren konnte und die ihre Handlungen beeinflußten, ohne daß ihr das bewußt war. Simone projiziert ihre persönlichen Stärken – ihr unbeirrbares Festhalten am Rationalen und an der Selbstbestimmung – in ihre Analyse der Situation der Frau und in den Weg, den sie zur Transzendenz vorschlägt.

Le deuxième Sexe bleibt mit seinen bisweilen anachronistisch anmutenden Aussagen zu Biologie und Anthropologie ein Bilderbogen, eine *tour de force* und gleichzeitig eine beeindruckende Pionierstudie der gesellschaftlichen, wirtschaftlichen, historischen und psychologischen Determinanten für die Lage der Frau. Dieses Buch hat die Richtung für die Frauenbewegung angegeben. Keine andere Untersuchung über das Geheimnis des Weiblichen hat sich je so umfassend und scharfsinnig mit den kulturellen Faktoren auseinandergesetzt, die die Erfahrung der Frau und ihre Lage bestimmen. Auf der ganzen Welt haben Millionen von Menschen dieses Werk gelesen, und Seminare zu Frauenfragen beschäftigen sich nach wie vor mit dem Gebiet, das Simone de Beauvoir so erfolgreich abgesteckt hat.

Außerdem darf man auch nicht vergessen, wie mutig und offen Simone de Beauvoir an Themen heranging, an die sich bis dahin kaum jemand außerhalb der Welt der Medizin herangewagt hatte. Weibliche Sexualität, Masturbation, lesbische Liebe, Menstruation und ähnliches waren wohl nicht unbedingt ganz alltäglicher Gesprächsstoff. Als *Le deuxième Sexe* erschien, war Frankreich noch immer zutiefst katholisch und bewegte sich gerade auf den Konservatismus der fünfziger Jahre zu. Das Buch machte Furore. Bereits in der ersten Woche nach dem Erscheinen wurden zweiundzwanzigtausend Exemplare des ersten Bandes verkauft, und auch der zweite Band sowie die entsprechenden Ausgaben von *Les Temps Modernes* gingen weg wie die warmen Semmeln. Zu Simones Erstaunen war der Skandal, den das Buch hervorrief, genauso groß wie sein Erfolg.

Ich erhielt signierte und anonyme Epigramme, Satiren, Strafpredigten, Ermahnungen, die, zum Beispiel, »äußerst aktive Angehörige des ersten Geschlechts« an mich richteten. Man sagte, daß ich unbefriedigt, frigid, priapisch, nymphoman, lesbisch sei und hundert Abtreibungen hinter mir habe und sogar heimlich ein Kind hätte.[18]

Der katholische Romancier François Mauriac schrieb folgendes an einen der Mitarbeiter von *Les Temps Modernes:* »›Nun weiß ich alles über die Vagina Ihrer Chefin.‹«[19] Die Presse bezeichnete Simone ihrerseits als armes neurotisches Mädchen, das seine Bedürfnisse verdrängte, frustriert und vom Leben enttäuscht war, als Xanthippe, als neidische, verbitterte Frau, der es nur noch kein Mann so richtig besorgt hatte. – Hier haben wir die ganze Palette von Beschimpfungen, die über die Jahre hinweg in den Besprechungen von feministischen Schriften gang und gäbe geworden sind. Albert Camus beschuldigte sie, den französischen Mann lächerlich zu machen. Die Kirche setzte das Buch auf die schwarze Liste, während die beliebte Zeitschrift *Paris Match* Simone de Beauvoir einen siebenseitigen Bericht widmete. Die Büros von *Les Temps Modernes* wurden so sehr mit Bitten um die Adressen von Ärzten bombardiert, die Abtreibungen vornahmen, daß die Sekretärin ein Plakat aufhängte mit der Aufschrift: »›Wir machen hier alles selber.‹«[20]

Simone erhielt außerdem zahllose Dankesbriefe von Frauen aus der ganzen Welt und aus allen möglichen Lebensverhältnissen: »›Ihr Buch war mir eine große Hilfe ... Ihr Buch hat mich gerettet!‹«[21] Anfangs reagierte sie darauf überrascht. Sie hatte keinerlei Ahnung gehabt, welche Wirkung ihre Studie über die Lage der Frau haben würde. In *Le deuxième Sexe* wie auch in ihrer Autobiographie ist zu spüren, daß es ihr letztlich peinlich war, über und für Frauen zu schreiben – schließlich

In Begleitung Sartres 1948 im Théatre Antoine in Paris.

war das nicht die vorrangige Aufgabe eines Philosophen. Voller Autorität, aber wieder mit den für sie so typischen zwiespältigen Gefühlen über ihre eigene Zugehörigkeit zur Kategorie »Frau«, schreibt sie:

Ich bedauere es nicht. Für sie, die so uneinig, so beschimpft, so benachteiligt sind, gibt es noch mehr Risiken, Siege und Niederlagen als für die Männer. Sie interessieren mich, und lieber will ich durch ihre Vermittlung einen begrenzten, aber soliden Einfluß auf die Welt haben, als im Allgemeinen verbleiben.[22]

Während der ganzen Zeit, in der Simone mit dem Verfassen von *Le deuxième Sexe* beschäftigt war, waren die Widersprüche, die mit der »weiblichen« Seite ihres Lebens zu tun hatten, besonders deutlich zu spüren. Wenn Simone über jene Verstümmelung schreibt, die sie als das Schicksal der Frau betrachtet, egal, ob sie ihre Sexualität nun lebt oder verneint, wenn sie jene innerliche Spaltung darstellt, mit der die unabhängige Frau leben muß, dann sind das letztlich für sie sehr persönliche Probleme. Sartres und ihr Ruhm breiteten sich immer mehr aus, so daß sie schließlich als das existentialistische Paar *par excellence* galten. Vorträge, Interviews und zahlreiche Reisen folgten rasch aufeinander. Doch ihre persönliche Beziehung zueinander war ernsthaft gefährdet. Sartre hatte ein leidenschaftliches Verhältnis mit einer Frau, die er in Amerika kennengelernt hatte. Diese Affäre versetzte Simone anders als die meisten anderen Eroberungen seit Olga in einen Zustand der Besorgnis. Dolores Vanetti (die sie in der Autobiographie M. nennt) war eine Schauspielerin, die vor dem Krieg in Paris gearbeitet hatte und in den Vereinigten Staaten die Geliebte des surrealistischen Schriftstellers André Breton geworden war. Sartre hatte sie dort kennengelernt und war nach einem kurzen Aufenthalt in Paris sofort wieder zu ihr zurückgekehrt. Er hatte Simone mitgeteilt, daß er zwei oder drei Monate im Jahr zusammen mit Dolores verbringen würde, da er völlig mit ihr harmonierte. Voller Nervosität fragte Simone Sartre, wer ihm mehr bedeute, sie oder Dolores. Sartre antwortete ihr: »›Ich hänge ungeheuer an M. [Dolores], . . ., aber ich bin bei Ihnen.‹«[23]

Obwohl diese Antwort Simone zum Teil zufriedenstellte, machte sie ihr doch das Leben nicht leichter. Sartre war zu eng mit Dolores verbunden, als daß er sie hätte aufgeben können, und außerdem wollte sie auch nicht nur die Rolle einer Zufallsliebe gegenüber der notwendigen Liebe zwischen Simone und ihm übernehmen. Sartre hatte Dolores offensichtlich ganz deutlich gesagt, daß ein Zusammenleben mit ihr nicht in Frage kam, doch Simone de Beauvoir schreibt: »Aber damit, daß er ihr seine Liebe erklärte, widerrief er sozusagen jene Proklamation, denn die Liebe besiegt – vor allem in den Augen einer Frau – alle Hindernisse. M. hatte nicht ganz unrecht.«[24] Sartre wollte weder Dolores noch Simone verlieren, und in den Zeiten der Trennung von Dolores tauchten seine Phantasiehummer wieder auf. Der Pakt zwischen ihm und Simone forderte seinen Tribut. Simone reagierte trotz ihrer Unabhängigkeit und kühlen Selbstbeherrschung auf ganz traditionell weibliche Weise: sie begann selbst ein Verhältnis, und zwar in jeder Hinsicht parallel zu dem Sartres – nämlich in Amerika.

Die Vereinigten Staaten hatten in Simones Phantasie schon immer einen ganz besonderen Platz eingenommen. Sie verschlang alles, was ihr an amerikanischer Literatur in die Finger kam – von Faulkner bis zu Thrillern –, und sie übersetzte Neuerscheinungen für Sartre, dessen Englisch nicht so gut war wie ihres. Beide liebten Hollywoodfilme, Blues und Jazz. Außerdem hatten die Staaten dabei geholfen, Europa vor dem Faschismus zu retten, auch wenn sie die Heimat des Kapitalismus waren, den wiederum Sartre und Simone kritisierten. 1947 unternahm Simone voller Begeisterung eine Vortragsreise durch die verschiedenen Universitäten von Küste zu Küste. Dabei sprach sie über die moralischen Probleme des Nachkriegsschriftstellers, über seine Verantwortung und die Notwendigkeit zum Engagement, falls ein Debakel vom Ausmaß des Zweiten Weltkriegs verhindert werden sollte. Der *New Yorker* feierte Simone als die »hübscheste Existentialistin«. *The New York Times Magazine* gab ihr den Auftrag zu einem Artikel über die existentialistische Sicht Amerikas. Es wurden Feste zu ihren Ehren gegeben. Mit dem für sie so typischen Entdeckerdrang legte sie gewaltige Strecken zu Fuß zurück, sah sich Bars und Drugstores an und unternahm Ausflüge in die verbotene Welt von Harlem. All diese Erfahrungen beschrieb sie dann in *L'Amérique au jour le jour (Amerika – Tag und Nacht)*, einer so einfühlsamen Darstellung, daß ihre Beobachtungen bis auf ein paar historische Veränderungen heute noch genauso frisch wirken wie 1947.

Sie kam aus dem Paris der Nachkriegszeit, in dem es noch immer an Grundversorgungsmitteln mangelte und wo die klaffenden Wunden zwischen Kollaborateuren und Résistancekämpfern nur ganz allmählich verheilten. Kein Wunder, daß ihr ihre erste Begegnung mit Amerika vorkam wie ein frischer Lufthauch. Die Menschen waren freundlich, großzügig und begeisterungsfähig. Sie bewunderte ihre Energie, ihre unaufhörliche Aktivität, ihre unternehmerischen Qualitäten. Trotzdem fällt ihr Bericht über Amerika recht kritisch aus. Die Amerikaner interessierten sich nur für Resultate, nicht für die menschliche Erfahrung, die zu diesen Ergebnissen führte. Und der Wert aller Resultate verrechnete sich sofort zu Geldwert. Zu den zahllosen Annehmlichkeiten und unbegrenzten Möglichkeiten, die Amerika bot, meinte Simone de Beauvoir, daß die ganze verschwenderische Fülle verwirrend sei. Es gebe zwar tausend Möglichkeiten, aber sie liefen letztlich alle auf dasselbe hinaus. So könnten die Amerikaner ihre Freiheit trotz der verschiedensten Regeln und ohne jegliche Kritik daran, daß es sich eigentlich nicht um wahre Freiheit handle, genießen. In Amerika, so schreibt sie, zählt der einzelne nichts. Er ist lediglich Objekt eines abstrakten Kultes.

Die amerikanischen Verleger und Intellektuellen machten ihr Kopfzerbrechen. Die Verleger redeten nur von Produkten und Märkten und verachteten Autoren wie Leser gleichermaßen. Im Büro der bedeutenden *Partisan Review* sagte man ihr, daß man in Frankreich Fragen stelle, aber keine Antworten darauf wisse. Die Amerikaner hingegen stellten keine Fragen, sondern beantworteten sie lieber. Doch noch viel erschreckender war die Lage der Schwarzen, und Simone, schon immer eine Meisterin beim Entlarven von Vorurteilen, übte schonungslose Kritik an Rassismus und weißer Heuchelei. Wie kann man Menschen, denen man die Aufsicht über die eigenen Kinder anvertraut, gleichzeitig verachten und schmutzig nennen? Außerdem erschreckte sie auch die Atmosphäre des kalten Krieges und der Haß auf die Linke. Sie sah überall die Bereitschaft zu einem neuen Krieg. Die Menschen wollten letztlich nichts von der Situation in Europa wissen und auch nicht daraus lernen. Schließlich half doch der Marshall-Plan Europa aus der Patsche, und die Amerikaner waren die edlen Retter. Simone de Beauvoirs Kommentar zum Wesen des amerikanischen Imperialismus fiel besonders scharf aus. Ihrer Meinung nach nahm der Imperialismus in den Augen des Durchschnittsamerikaners die Gestalt der Nächstenliebe an. Die Arroganz der Amerikaner lag nicht in ihrer Liebe zur Macht. Vielmehr liebten sie es, anderen das Gute aufzuzwingen. Das Wunderbare sei, daß sie den Schlüssel zum Paradies in Händen hielten.

Simones Bekannte in New York hatten vorgeschlagen, daß sie während ihres kurzen Aufenthaltes in Chicago den linksgerichteten Schriftsteller Nelson Algren aufsuchen solle, dessen Roman *The Man With the Golden Arm (Der Mann mit dem goldenen Arm)* später den Pulitzerpreis gewann. Algren hatte 1947 gerade mit seinem Erstlingswerk *Neon Wilderness (Im Neon-Dschungel),* in dem all die Drogensüchtigen, Kriminellen und Prostituierten vorkamen, unter denen er sein Leben verbrachte, gute Kritiken geerntet. Simone hatte genug von steifen Diners und Cocktailparties an Universitäten und in Botschaften. Algrens Chicago war das Amerika, das sie eigentlich sehen wollte. Sie rief Algren an, der jedoch ihre abgehackte Art zu sprechen und ihren starken Akzent nicht verstand. Deshalb legte er zwei Mal auf. Schließlich lernten sie sich aber dann doch noch kennen. Und die rationale Autorin von *Le deuxième Sexe* und ihrer Autobiographie verliebte sich so schnell in Algren, wie man es von ihr wohl kaum erwartet hätte. In Simone de Beauvoirs Roman *Les Mandarins,* in dem sie durch die Figur Anne eine kaum fiktionalisierte Version ihrer Beziehung zu Algren erzählt, beschreibt sie dieses erste Zusammentreffen wie eine Liebe auf den ersten Blick.

Ich klopfte an und sah einen recht jungen, ziemlich großen Mann in steifer Lederweste auftauchen; er musterte mich erstaunt.

»Haben Sie denn das Haus gefunden?«

»Scheint so.«

Ein schwarzer Ofen bullerte in der Mitte der gelben Küche; auf dem Linoleum lagen alte Zeitungen herum, es fiel mir auf, daß kein Kühlschrank da war. Brogan wies auf die Papiere und meinte: »Ich war beim Aufräumen.«

»Hoffentlich störe ich Sie nicht.«

»Keineswegs.« Verlegen blieb er vor mir stehen.[25]

Sie unterhalten sich, erzählen einander aus ihrer Vergangenheit. Sie spazieren gemeinsam durch die alten Straßen Chicagos und sitzen in Bars. Dann ist es für die Simone-Figur Zeit zu gehen.

»Ja, kommen Sie wieder«, sagte Brogan. Und schnell fügte er hinzu: »Ich kann mir nicht denken, daß ich Sie nicht wiedersehe!«

Schweigend gingen wir weiter bis zur Taxihaltestelle. Als sich sein Gesicht dem meinen näherte, mußte ich meinen Kopf abwenden; ich fühlte aber seinen Atem gegen meinen Mund.

Während ich einige Stunden später Brogans Roman im Zug zu lesen versuchte, schalt ich mich: »Einfach lächerlich in meinem Alter!« Aber mein Mund zuckte wie der eines jungen Mädchens. Ich hatte immer nur Männer geküßt, mit denen ich geschlafen hatte; wenn ich an jenen schattenhaften Kuß zurückdachte, glaubte ich, tief am Grund meines Gedächtnisses brennende Liebeserinnerungen zu wecken.[26]

Simone erlebte mit Algren eine leidenschaftliche und stürmische Liebe. Sartre mag vielleicht mit zu dieser Begegnung beigetragen haben, indem er Simone bat, ihren Aufenthalt in den Vereinigten Staaten um zehn Tage zu verlängern, weil Dolores noch immer in Paris war. In dieser Zeit schliefen Simone und Algren wohl auch das erste Mal miteinander. Es war Simone, die diese Beziehung weiterführen wollte. Mit Algren hatte sie einen Mann kennengelernt, mit dem sie sich auf gleicher Ebene unterhalten und den sie auch erotisch und emotional lieben konnte. Sie hatte schon seit 1944 fast keine körperliche Beziehung mehr mit Sartre. Das Verhältnis mit Bost war zwar nicht zu Ende, gestaltete sich aber eher halbherzig und war auch nie leidenschaftlich gewesen. Simones Briefe an Algren – insgesamt etwa 1800 Seiten – zeugen von einer Leidenschaft, die fünf Jahre währte. Die Simone de Beauvoir in diesen Briefen ist kaum noch als die streng intellektuelle Gefährtin Jean-Paul Sartres wiederzuerkennen; sie ist eher eine zärtliche, verspielte und gleichzeitig gequälte Liebende.

Nach ihren eigenen Aussagen kehrte Simone nach dieser ersten Amerikareise in fürchterlicher Verfassung nach Paris zurück. Zuvor hatte sie Algren gesagt, daß Paris nach wie vor der Mittelpunkt ihres Lebens bleiben würde, sie ihn aber irgendwie wiedersehen würde. Sie balancierte genau wie Sartre auf dem Hochseil: Sie versuchte, die für sie so außerordentlich wichtige Beziehung und Freundschaft mit Sartre aufrechtzuerhalten und gleichzeitig eine Leidenschaft zu leben, die drohte, sie zu überrollen. Simone fragte sich, ob sie diese Leidenschaft aufgeben sollte, bevor sie zuviel Bedeutung gewann. »Das fragte ich mich mit einer an Verstörtheit grenzenden Besorgnis.«[27] Sie machte eine schwere Krise durch, die sich dann – wie das bei ihr anscheinend immer der Fall war – körperlich niederschlug. Auf einer Erholungsreise nach Schweden zusammen mit Sartre litt sie an Alpträumen: »Ich erinnere mich an ein gelbes Auge in meinem Hinterkopf, das mir mit einer langen Stricknadel ausgestochen wurde.«[28]

Es ist erstaunlich, daß sie unter den gegebenen Umständen nicht daran dachte, Sartre zu verlassen, insbesondere, weil er noch immer ein enges Verhältnis mit Dolores hatte. Doch für Simone de Beauvoir besaß ihr Pakt absolute Gültigkeit. In den Briefen, die sie im Lauf der nächsten Jahre an Algren schrieb, wurde ihre distanzierte Sicht von Sartres Don-Juanismus klar. Sartre war, so schreibt sie, davon überzeugt, daß eine brünette Arlette, eine blonde Wanda und zwei blond Gefärbte – Michelle und Evelyne – noch nicht ausreichten. Es fehlte ihm noch eine Rothaarige – und sie fand er in Brasilien. Dennoch versucht sie Algren zu erklären, daß ihre kritische Mitwirkung an Sartres Buch über Jean Genet – eine Zusammenarbeit, die sie schon bei so vielen anderen Werken Sartres praktiziert hatten – ihr außerordentlich wichtig ist. Sie kann Sartre nicht verlassen. Sie kann auch nicht ihre eigene schriftstellerische Tätigkeit, ihre Bindung an ihre eigene Arbeit aufgeben. Es wäre unmöglich für sie, in Amerika längere Zeit zu schreiben oder zu leben. Ihr Leben, ihre Verantwortung liegen in Frankreich.

Trotzdem kehrte Simone sofort nach ihrer Schwedenreise nach Chicago zurück. Sie und Algren wohnten und arbeiteten zusammen in seiner Zweizimmerwohnung. Er bat sie zu bleiben, ihn zu heiraten. Sie lehnte ab, kehrte im Mai 1948 erneut in die Vereinigten Staaten zurück, und die beiden fuhren zusammen den Mississippi hinunter und nach Mexiko. Sie brachen die Reise ab, weil Simone versprochen hatte, im Juli wieder nach Paris zu fahren, um Sartre mit einem Manuskript zu helfen. Algren war wütend, aber er bat sie erneut zu bleiben. Simone reiste ab und stellte bei ihrer Rückkehr nach Paris fest, daß Sartre zusammen mit Dolores nach Südfrankreich gefahren war. Da Simone nun nicht mehr wußte, was sie anfangen sollte, rief sie Algren an, doch er wollte sie nicht mehr zu sich kommen lassen. Im folgenden Jahr trafen sie sich in Paris wieder, aber obwohl Simone die Beziehung weiterführen wollte, verlor Algren angesichts der Bindung Simones an Sartre allmählich die Geduld. Wie Dolores konnte auch er nicht verstehen, warum Simone trotz ihrer Liebe zu ihm nicht mit ihm zusammenleben, ihn nicht heiraten und auch kein Kind von ihm wollte. Als sie sich 1950 wiedersahen, teilte Algren ihr mit, daß er bald seine erste Frau wieder heiraten würde. Er konnte keine Frau lieben, der ein anderer Mann wichtiger war als er, eine Frau, die er im Jahr nur ein paar Wochen sehen konnte.

Wie heftig diese Leidenschaft war und wie sehr sich Algren verraten fühlte, als die Beziehung zu Ende war, läßt sich vielleicht am besten an seiner beißenden Kritik an Simone de Beauvoirs *La Force des choses* ablesen, die 1965 in den Vereinigten Staaten herauskam. In diesem Band ihrer Autobiographie beschreibt Simone unter anderem auch in knappen Worten ihre Affäre mit Algren und beschäftigt sich mit der Frage der Zufallsliebe, der Treue und der Freiheit. Sie tut das in dem für ihre Autobiographie typischen kühlen, rationalen Tonfall.

Ist es möglich, Treue und Freiheit miteinander auszusöhnen? Um welchen Preis?

Oft gepredigt, selten gewahrt, ist die totale Treue gewöhnlich ein Attribut derjenigen, welche sie sich wie eine Selbstverstümmelung auferlegen: Sie trösten sich dann mit Sublimierungen oder mit Wein. [...] Die Paare sind zahlreich, die ungefähr das gleiche Abkommen getroffen haben, wie es zwischen Sartre und mir besteht: trotz aller Seitensprünge »eine gewisse Treue« zu wahren. Ich bin dir auf meine Art treu gewesen, Cynara... Das Unterfangen ist riskant. Es kann passieren, daß der eine Partner die neue

Bindung der alten vorzieht. Dann fühlt sich der andere Teil ungerecht behandelt und verraten. Statt zwei freie Menschen stehen sich dann Opfer und Henker gegenüber.

In gewissen Fällen ist aus dem einen oder anderen Grunde – Kinder, ein gemeinsames Unternehmen, die gegenseitige Zuneigung – das Paar unzertrennlich. Wenn die beiden Bundesgenossen sich auf sexuelle Eintagsaffären beschränken, gibt es keine Schwierigkeiten, aber dann verdient auch die Freiheit, die sie einander einräumen, nicht diesen Namen. Sartre und ich waren ambitiöser. Wir wollten »bedingte Liebesbeziehungen« erleben. Da aber erhebt sich eine Frage, der wir leichtsinnig ausgewichen sind: Wie wird sich der dritte Partner in unsere Vereinbarung fügen? Manchmal ging es glatt. Unsere Verbindung ließ genügend Spielraum für zärtliche Freundschaft oder verliebte Kameraderie, für flüchtige Schwärmereien. Wenn aber der Protagonist mehr forderte, entstanden Konflikte. [...] Wenn mein Einverständnis mit Sartre über dreißig Jahre gedauert hat, ist das nicht ohne Verluste und Streit möglich gewesen, deren Kosten die »anderen« zu tragen hatten.[29]

Hier ist nichts erwähnt von den Qualen, die Simone sicherlich litt. Sie schreibt zwar über den Schmerz, den andere erfuhren, aber man hat das Gefühl, daß sie damit wieder einmal ihren eigenen Kummer wegrationalisierte, wieder einmal den komplexen Emotionen auswich, die sie nicht völlig unter Kontrolle hatte. Und wenn Algren sie beschuldigt, keine Leidenschaft zu kennen, hat er damit sicher bis zu einem gewissen Grade recht – wie auch das Bild zum Teil zutrifft, das er von Simone de Beauvoir zeichnet: eine altjüngferliche Schullehrerin, die allen ihre strengen moralischen Maßstäbe vorgab.

Seit Theodore Dreiser hatte kein Chronist unseres Lebens mehr eine so unerschütterliche Leidenschaft für die menschliche Gerechtigkeit mit einer so tödlichen Langeweile verbunden wie Mme. de Beauvoir. Andere Schriftsteller rügen den Leser sanft, sie jedoch drückt ihm die Nase gegen die Tafel, droht ihm mit einem Dreißig-Zentimeter-Lineal und sagt ihm, daß sie solange die Luft anhalten wird, bis er sich endlich vernünftig aufführt.[30]

Algrens scharfer Tonfall verbindet sich mit Leidenschaft. Es lohnt, ihn in voller Länge zu zitieren:

Keine andere moderne Schriftstellerin hat Millionen von unterdrückten Frauen zu einem unabhängigen Leben ermutigt, während sie selbst ein abhängiges Leben führte. Keine andere Schriftstellerin hat die Geheimnisse der Weiblichkeit so scharfsinnig entlarvt, während sie über die eigene eifersüchtig wachte. Ihre Theorie von der Humanität wäre unwiderlegbar, wenn ihr nicht ständig Männer und Frauen in die Quere kämen.[31]

Am heftigsten wird Algren, wenn er sich der Frage der Zufallsliebe zuwendet:

Jeder Mensch, der eine bedingte Liebe leben kann, muß übergeschnappt sein. Wie kann die Liebe *bedingt* sein? Bedingt in welcher Beziehung? Diese Frau redet, als käme die Fähigkeit zu der Beziehung des Menschen, die allem zugrunde liegt – die körperliche Liebe zwischen Frau und Mann – einer Verstümmelung gleich, während die Freiheit darin besteht, »trotz aller Seitensprünge gewisse Treue zu wahren«! Wenn man sich den philosophischen Jargon wegdenkt, meint sie natürlich damit, daß sie und Sartre sich eine hübsche Fassade der kleinbürgerlichen Achtbarkeit aufgebaut haben, hinter der sie weiter nach ihrer Weiblichkeit suchen konnte. Was Sartre sich dabei gedacht hat, als *er* weggefahren ist, weiß ich nun wieder nicht.

Zuhälter sind ehrlicher als Philosophen. Sie nennen das Kind wenigstens beim Namen und sagen einer Hure auch, daß sie eine ist. Und die Frau aus der Mittelschicht, die sich aufführt wie eine, behandeln sie mit weniger Achtung als den Typ, der seiner untreuen Geliebten ein Messer zwischen die Rippen stößt. Für sie ist die wirkliche Verstümmelung nicht die Leidenschaft, sondern der Mangel an Leidenschaft. Und zu heftig zu lieben, ist ein geringeres Leiden als die Fähigkeit, nur bedingt zu lieben. Weil das bedeutet, daß sie auch nur bedingt leben kann.[32]

Offenbar hatte Algrens männliche Eitelkeit einen schweren Schlag erlitten. Und offensichtlich sprach er auch aus einer spezifisch amerikanischen Ethik heraus, die besagt,

Die Gesichter einer Frau.

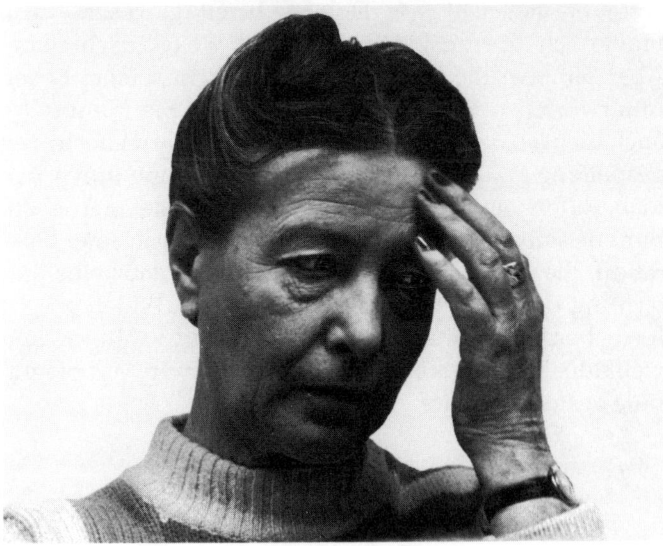

daß Erfahrungen – vor allem Erfahrungen voller Leidenschaft – das Maß aller Dinge sind. Simones Loyalität gegenüber dem intellektuellen Sartre und ihre Faszination von ihm sowie ihr Wunsch, die Erfahrung immer unter Kontrolle zu halten, statt von ihr überrollt zu werden, konnte er nicht verstehen.

Die trübste Seite von Simone de Beauvoirs und Jean-Paul Sartres Leben ist wohl die Art und Weise, wie sie ihre Zufallslieben, also die »anderen«, behandelten, deren individuelle Freiheit sie beschnitten und die sie in manchen Fällen sogar unterdrückten. Sie *benutzten* andere, aber vielleicht auch nicht schlimmer, als Simone von Sartre benutzt wurde. Mit Algren hatte sie das erste Mal wirklich versucht, auf zwei Hochzeiten zu tanzen – sie wollte ein leidenschaftliches Liebesverhältnis und gleichzeitig ihre geistige und freundschaftliche, ja, fast eheliche Verbindung mit Sartre aufrechterhalten. Hätte sie Algren gegenüber den starken, aktiven Part übernommen, dann wäre er vielleicht wie Dolores bereit gewesen, nach Frankreich überzusiedeln und dort weiterzuschreiben. Aber Simone, die Frau, konnte sich nicht seinem Leben unterwerfen und nach Amerika gehen. Sie konnte ihn auch nicht so ohne weiteres aufgeben. Sie war eine in sich gespaltene Frau. In *Les Mandarins* wird Anne durch ihre Liebesaffäre an den Rand des Selbstmordes getrieben. Simone selbst wurde krank und unterzog sich einer Operation, die ihr die Beruhigung verschaffte, daß keine Entfernung der Brust nötig war. Die inneren Widersprüche im Leben einer unabhängigen Frau sind zahlreich und vielfältiger, als Simone de Beauvoir in ihrer Autobiographie gestehen wollte.

6

Intellektuelles Engagement

Ab 1949, dem Jahr, in dem *Le deuxième Sexe* herauskam, begann Simone de Beauvoir in immer höherem Maße das öffentliche Leben einer Schriftstellerin und linken Intellektuellen zu führen, die sich für die politische und gesellschaftliche Veränderung einsetzte. In Frankreich bedeutet das mehr als zum Beispiel im englischsprachigen Raum. So könnte man sich wohl schlecht vorstellen, wie ein amerikanischer Präsident einen zeitgenössischen Philosophen zitiert. Präsident de Gaulle hingegen berücksichtigte durchaus Jean-Paul Sartres Meinung und witzelte dann, daß er ihm gerne die Präsidentschaft über die Pariser Rive Gauche überlasse. Die Verkaufsziffern von Simone de Beauvoirs Büchern und ihr ständiges Auftauchen in der Boulevardpresse, die eifrig jeden ihrer Schritte und jede ihrer Aussagen verfolgte, läßt sich nur noch mit dem öffentlichen Dasein eines Film- oder Schlagerstars vergleichen. Als Sartre 1980 starb, begleiteten Hunderttausende von Menschen seinen Leichenzug durch die Straßen von Paris. Die französische Zeitung *Libération* widmete Simone de Beauvoir bei ihrem Tode 1986 die ganze Titelseite. Darauf war lediglich ein Foto von ihr mit der kurzen Überschrift UNE FEMME – eine Frau – abgedruckt. Die nächsten zwölf Seiten beschrieben und kommentierten dann ihre Leistungen. Man muß

Sartres und de Beauvoirs Aktivitäten und politische wie auch intellektuelle Auseinandersetzungen ab den fünfziger Jahren in diesem Zusammenhang sehen. Sie wurden zu den geistigen Galionsfiguren der Linken, reisten zu internationalen Friedenskonferenzen und Tribunalen, brachten Informationen über die Situation in entlegenen Teilen der Erde nach Europa und bürgten mit ihrem Namen für wichtige Befreiungskämpfe oder radikale Belange. Im Rahmen dieser Aktivitäten waren sie in den Augen der Welt ein Paar. Das öffentliche Bild ihrer Verbindung hilft ein wenig dabei zu verstehen, warum ihre »Zufallslieben« ihre Beziehung nie ernsthaft gefährdeten. Die Leidenschaft des einzelnen war im Vergleich zur Verantwortung gegenüber der Öffentlichkeit zweitrangig.

Ende der vierziger und Anfang der fünfziger Jahre beherrschten zwei miteinander verbundene Problemkreise das französische Denken: Wie ließ sich eine neuerliche politische Konstellation, die noch umfassender wäre als die des Zweiten Weltkrieges, am besten vermeiden, und wie konnte man den Frieden erhalten in einer Welt, die gerade erst die Schrecken von Hiroshima erfahren hatte? Lag die Hoffnung der Menschheit im Sozialismus – nach Art des oder unterschiedlich vom Kommunismus im Ostblock – oder im Kapitalismus und in der amerikanischen Lebensphilosophie? Nun begann sich immer klarer herauszukristallisieren, daß man keine dieser Fragen ohne die Dritte Welt mit ihren sich gerade erst entwickelnden Nationen und ihrem Kampf um die Unabhängigkeit angehen konnte. Sartre, de Beauvoir und die Redaktionsmitglieder von *Les Temps Modernes* spielten eine wichtige Rolle dabei, den Europäern diesen letzten Punkt bewußt zu machen.

Man vergißt leicht, daß auf die Nachkriegseuphorie über die Niederlage des Faschismus fast sofort die panische

Angst vor einem neuerlichen Krieg folgte. Schon 1947 waren die Sowjetunion und die Vereinigten Staaten keine Verbündeten mehr, sondern hatten statt dessen ihre Positionen im kalten Krieg bezogen. Die USA gingen davon aus, daß ganz Westeuropa, der Nutznießer des Marshall-Planes, sich kritiklos nach den amerikanischen Weisungen richten würde. Frankreichs Kolonialkrieg in Vietnam und der Koreakrieg folgten kurz hintereinander. 1956, also nur ein paar Jahre später, kamen dann schon die Unterdrückung des ungarischen Aufstandes durch die Russen und die Suezkrise. In Frankreich wich das kurze Aufflackern der sozialistischen Hoffnungen, die der Heroismus der kommunistisch geführten Résistance genährt hatte, einer inneren Spaltung der Linken und einer Politik des kalten Krieges durch die Rechte. Anfangs drängten Sartre und de Beauvoir die Öffentlichkeit dazu, sich gegen diese Politik des kalten Krieges zu wehren, die die Welt in zwei gegnerische Blöcke spaltete. Doch trotz ihrer Nähe zum Sozialismus war ihre Einstellung der UdSSR gegenüber kritisch: »Für uns war die UdSSR das Land, das den Sozialismus verkörperte, aber auch eine der beiden Mächte, die einen neuen Krieg ausbrüteten ... und ... dadurch den Weltfrieden [gefährdeten].«[1]

1948 wurde Sartre praktisch der Führer der Rassemblement Démocratique Révolutionnaire (RDR), die die Öffentlichkeit dazu aufrief, nicht in die Falle des kalten Krieges zu tappen und sich nicht zwischen Osten und Westen zu entscheiden. Statt dessen versuchte sie durch Verbindungen mit anderen europäischen Gruppierungen ein von den beiden Blöcken unabhängiges Europa zu schaffen, das als Vorreiter für den Frieden eintreten würde. Sartre hoffte, Unterstützung für die RDR von den Reformern der Mittelschicht wie auch von der kommunistischen Arbeiterklasse zu erhalten.

Aber 1949 war die Panik vor den Roten nicht mehr wegzudiskutieren – Kommunismus und Sozialismus sahen sich in Frankreich immer heftigeren Angriffen ausgesetzt. Sartre erkannte, daß die RDR auf dem Gebiet der Realpolitik nicht viel ausrichten konnte und daß eine Neutralität praktisch unmöglich war. Simone de Beauvoir und er identifizierten sich mit der sozialistischen Bewegung als ganzer. Wie er es erklärte:

»In ihrer Gesamtheit gesehen, ist die sozialistische Bewegung der absolute Richter über alle anderen Bewegungen, weil die Ausgebeuteten der Ausbeutung und dem Klassenkampf als ihrer eigenen Wirklichkeit und als der Wahrheit der bürgerlichen Gesellschaft gegenüberstehen... Wenn man ein politisches Unternehmen richtig würdigen will, so ist der Sozialismus der absolute Maßstab.«[2]

Simone de Beauvoir und Jean-Paul Sartre wehrten sich gegen die antikommunistische Hetze, standen der amerikanischen Politik – besonders, was die Dritte Welt anbelangte – sowie der amerikanischen Propagandamaschinerie höchst kritisch gegenüber. Andererseits konnten sie jedoch auch die Existenz sowjetischer Arbeitslager nicht verleugnen. Die Enthüllungen in *Les Temps Modernes* über Stalins Gulag gehörten zu den ersten in ganz Europa. Die vorrangige Pflicht der Intellektuellen war es, die Wahrheit zu sagen – unabhängig von den eigenen politischen Sympathien. Doch auch wenn Sartre und de Beauvoir die Sowjetunion unerbittlich kritisierten, wollten sie das russische Experiment nicht ganz aus der Geschichte des Sozialismus verbannen und so tun, als hätte es keinerlei Bezug zur Entwicklung einer sozialistischen Realität. Dieser Mangel an Kompromißbereitschaft setzte sie Angriffen von allen Seiten aus – von der gaullistischen Rechten; von der liberalen Linken, weil sie sich weigerten, völlig mit der Sowjetunion zu brechen; von den Kommunisten, weil sie die Sowjetunion überhaupt kritisierten. Simone de Beauvoir wurde wegen der Position von *Les Temps Modernes* ein Visum für die USA verweigert, obwohl sie nie einer Partei angehörte.

In jenen Jahren des kalten Krieges verloren Sartre und de Beauvoir viele alte Freunde – unter ihnen den Philosophen Raymond Aron und Albert Camus –, weil sie sich weigerten, den Kommunismus offen zu denunzieren und weil sie Amerika unter McCarthy mit Vorbehalten gegenüberstanden. Der endgültige Bruch mit Camus kam zwar erst aufgrund einer höchst kritischen Besprechung seines Buches *L'Homme révolté (Der Mensch in der Revolte)* in *Les Temps Modernes,* aber politische Differenzen hatten die Freunde schon vorher entfremdet. Camus hatte während der Besatzungszeit mit der Linken sympathisiert und neigte nun eher den Liberalen zu, während Sartre und de Beauvoir weiter nach links abgedriftet waren. Besonders Sartre wollte den Unterdrückten der Erde die Möglichkeit verschaffen, sich zu äußern. Die Vereinigten Staaten stellten wegen ihres Imperialismus eine weit größere Gefahr für den Weltfrieden dar als die UdSSR.

Simone war weniger unmittelbar politisch aktiv als Sartre und verhielt sich in den Ausschüssen und bei Podiumsdiskussionen eher zurückhaltend. Statt dessen verwendete sie viel Energie auf ihre Arbeit für *Les Temps Modernes* und auf *Les Mandarins,* ihren bedeutendsten Roman. Dieses Buch zeichnet auf geniale Weise ein Bild des Geisteslebens und der politischen Kräfte in Frankreich, die es in der Zeit nach der Befreiungseuphorie prägten. Hier gelingt es einer Schriftstellerin, die ihr Handwerk versteht, all den Haß, die Intrigen, Hoffnungen und Enttäuschungen nachzuzeichnen, die eine während des Krieges in sich gespaltene Nation erfahren hatte, in der das Überleben Hand in Hand ging mit

Mit ihrer Mutter 1954.

Schuldgefühlen und der schmerzlichen Erinnerung an den Verlust von Freunden. Simone de Beauvoir hatte anfangs daran gedacht, das Buch »Die Überlebenden« zu nennen, denn das Überleben durchdringt darin alles – von den politischen Differenzen der Figuren bis zu ihren inneren Konflikten, von ihrer Lebenslust bis zu ihrer Verzweiflung, die sie an den Rand des Selbstmordes treibt.

In *La Force des choses* beschreibt Simone de Beauvoir, wie sie sich daran machte, die vielfältigen und verwickelten Bedeutungen der veränderten Welt darzustellen. Die praktische Seite der Politik – Komitees, Versammlungen, Manifeste, Diskussionen – langweilten sie, aber sie interessierte sich für alles, was die Welt ausmachte. Sie empfand das – wie man es damals nannte – Scheitern der Résistance als persönliche Niederlage, als die triumphale Wiederkehr der bürgerlichen Herrschaft. Auch ihr

Privatleben war davon betroffen gewesen. Die meisten Freundschaften, die sie nach der Besatzung aufgebaut hatte, hatten sich im Streit oder auch stillschweigend aufgelöst. Zusammen mit diesen Freundschaften waren die gemeinsamen Hoffnungen gestorben, und um jenen Tod herum organisierte Simone de Beauvoir *Les Mandarins.*

Simone wob einen Roman um das politische und intellektuelle Leben in den ersten Jahren des kalten Krieges. In der englischsprachigen Literatur gibt es – möglicherweise wegen der zweitrangigen Bedeutung der Intellektuellen – nur wenige mit Simones ehrgeizigem Projekt vergleichbare Werke. Vielleicht gerade noch Doris Lessing gelingt es, mit ihrem hervorragenden Buch *The Four-Gated City (Die viertorige Stadt)* ein ähnlich düsteres Bild von London nach dem Kriege zu zeichnen und die negativen Auswirkungen einer Spaltung der Welt in zwei feindliche Blöcke darzustellen.

Les Mandarins basiert wie viele andere Werke Simone de Beauvoirs auch auf einer autobiographischen Grundkonstellation. Die Handlung dreht sich dabei um zwei Hauptfiguren und ihre miteinander verwobenen politischen und privaten Lebensläufe. Anne ist eine Psychoanalytikerin, die den zwanzig Jahre älteren Schriftsteller Robert Dubreuilh geheiratet hat. Seine politischen Aktivitäten sind zur Zeit, in der der Roman spielt, der Dreh- und Angelpunkt seines Lebens. Genau wie Simone selbst ist auch ihre Heldin ihrem Mann und seiner Arbeit treu ergeben und hat höchste Achtung vor seinem scharfen Verstand und politischen Mut. Interessanterweise macht de Beauvoir Dubreuilh zu der Vaterfigur, die Sartre für sie selbst angeblich nie war. Außerdem widerspricht sie ihrer eigenen Skeptik gegenüber der Psychoanalyse dadurch, daß Anne und Robert daran glauben. Andererseits bestätigt sie sie wieder durch Annes Desillusionierung. Anne und Robert haben eine Tochter –

Nadine –, die ihren Geliebten im Krieg verloren hat und die ganze Verbitterung und Verwirrung der Nachkriegsjugend verkörpert.

Wie Simone selbst gesteht, spaltete sie sich in dem Buch in zwei Figuren auf. Sie verband jene Dinge, die direkt mit ihrer Situation als Frau zu tun hatten, mit Anne, während sie die männliche Figur Henri mit ihren beruflichen Sorgen und ihrem Optimismus sowie ihrer Schriftstellerei ausstattete.

> Ich habe ihr [Anne] Interessen, Gefühle, Reaktionen, Erinnerungen geliehen, die meine eigenen sind, und ich spreche oft aus ihrem Mund. Trotzdem hat sie weder meine Interessen noch meinen Starrsinn, und vor allem auch nicht die Selbständigkeit, die mir ein Metier schenkt, das mir am Herzen liegt. [...] Da sie keine eigenen Ziele und Pläne hat, führt sie das »relative« Leben eines »sekundären« Wesens. Durch sie habe ich vor allem den negativen Seiten meiner Erfahrungen Ausdruck verliehen: der Angst vor dem Sterben, dem Schwindelgefühl vor dem Nichts, der Vergänglichkeit irdischer Freuden, der Schande des Vergessens, dem Ärger des Daseins. Die Lebensfreude, die Unternehmungslust, das Vergnügen an der Schriftstellerei habe ich Henri angedichtet.[3]

Henri ist Schriftsteller und Journalist wie Camus, für den viele ihn gehalten haben, auch wenn Simone de Beauvoir dies selbst verneint. Er ist Herausgeber einer Résistance-Zeitung, die innerhalb der Nachkriegswelt wechselnder politischer Bündnisse versucht, unabhängig zu bleiben und ihre Leser zu halten. Simone wollte, daß Anne und Henri sich gegenüber der Figur Dubreuilh/Sartre definieren, die ausschließlich durch ihre Augen gesehen wird. Dadurch ist Dubreuilh, ähnlich wie schon Pierre in *L'Invitée,* wieder über alle Kritik erhaben, auch wenn man ihn kaum als idealen Vater oder Ehemann bezeichnen kann.

Simone de Beauvoir erzählt mit Hilfe ihrer beiden Hauptfiguren die Hoffnungen und Mißerfolge der RDR, die Brutalität des Krieges und dann der Politik des kalten

Krieges, die Familien und Freunde auseinanderriß. Am Anfang des Buches ist Anne voller Verzweiflung:

Aber wie können wir mit dieser Vergangenheit noch der Zukunft vertrauen? Diego [der Geliebte ihrer Tochter] ist tot, zu viele sind tot. Der Greuel ist auf die Erde zurückgekehrt – »Glück« – dieses Wort hat keinen Sinn mehr: das Chaos ist wieder um mich. Vielleicht wird die Welt ihm entrinnen, aber wann? Zwei oder drei Jahrhunderte sind eine zu lange Zeit.[4]

Les Mandarins ist zwar eine eindrucksvolle Chronik der Zeitgeschichte und -politik, aber im Zentrum der Handlung stehen zwei voneinander unabhängige Liebesgeschichten, die sich gegenseitig spiegeln. Obwohl Anne und Dubreuilh die besten Freunde sind, schlafen sie doch nicht mehr miteinander: »Seit Jahren schon ist das Begehren zwischen uns erloschen, aber wir waren zu sehr eins geworden, als daß die körperliche Vereinigung von großer Wichtigkeit sein könnte, im Verzicht auf sie haben wir genaugenommen nichts verloren.«[5] Wie schon in ihren früheren Werken, spricht Simone auch hier die Sartre-Figur von aller Schuld frei. Anne hingegen erlebt die Sinnlosigkeit des Daseins und beobachtet, wie ihr Körper in qualvollem Gleichmut altert, bis sie während einer Reise zu einem Psychoanalytikerkongreß in Amerika Lewis Brogan kennenlernt. Dieser ist, wie Simone de Beauvoir selbst gesteht, ein Ebenbild Nelson Algrens, dem das Buch gewidmet ist. In ihrer Beziehung zu Brogan erwacht Anne zu neuem Leben, verwandelt sich in eine völlig neue Frau. »Er kannte weder meine Heimat noch meine Sprache, weder meine Freunde noch meine Sorgen: nichts als meine Stimme, meine Augen, meine Haut; ich war in Wahrheit auch nichts anderes als eben diese Haut, diese Stimme, diese Augen.«[6]

Simones Beschreibung dieser Beziehung und ihres Endes weicht – und sei sie auch noch so eindrucksvoll

– nie vom traditionellen romantischen Bild der Frau ab, die sich durch die Liebe verwandelt, dann von ihr überrollt und schließlich gebrochen wird. Feministinnen haben ihr vorgeworfen, daß sie Anne nicht zu einer »positiven« Heldin machte, zu einer Frau, die beruflich wie politisch mit dem Mann gleichberechtigt ist. Zu ihrer Rechtfertigung läßt sich sagen, daß sie die Frauen darstellte, wie sie sie kannte: gespalten. Doch selbst dann ist es bei ihrem scharfen Blick für Verwirrungen noch erstaunlich, daß Simone in ihrem Roman weder die romantische Liebe noch die Konvention in Zweifel zieht, nach der die Frau die Hüterin des Gefühlslebens ist.

Aber sie gibt Anne wenigstens ein bißchen Freiheit, weil sie sie Verantwortung für ihr eigenes Leben übernehmen und ihre Arbeit wieder aufnehmen läßt – auch wenn sie das letztlich nicht erfüllt. Und sie zeichnet außerdem ein Gegenbild zu Annes Erfahrungen und ihrer Entscheidung, schließlich nach Frankreich zu ihrem Mann zurückzukehren: Paule, Henris Geliebte. Sie ist die radikalste Darstellung einer »liebenden Frau« im Sinne von *Le deuxième Sexe,* eine Frau, die durch die ausschließliche Bindung an einen Mann völlig sich selbst entfremdet ist und ihn im Namen ihrer eigenen Versklavung tyrannisiert. Die Gegenüberstellung von dieser und Annes Liebesbeziehung deutet an, daß auch Anne völlig von der Liebe unterdrückt und zerstört worden wäre, wenn sie sich anders entschieden und wenn sie Brogan/Algrens Antrag angenommen hätte. Paules alles verzehrende Eifersucht, ihr Festhalten an traditionellen weiblichen Werten, verjagt Henri schließlich und treibt sie selbst in den Wahnsinn.

1954 erhielt *Les Mandarins* den begehrten französischen Literaturpreis Prix Goncourt. Simone war nach den heftigen Angriffen gegen *Le deuxième Sexe* überrascht über den Enthusiasmus, den linke wie rechte Kritiker dem neuen Buch entgegenbrachten. Lediglich die katholische Kirche sah in ihrem Werk noch immer die Verkörperung der Sünde: *Les Mandarins* wurde wie *Le deuxième Sexe* auf die päpstliche Liste verbotener Literatur gesetzt, weil darin angeblich die freie Liebe gepriesen und die heilige Institution der Familie untergraben wurde.

Simone de Beauvoir 1954, als sie den Prix Goncourt erhielt.

Mit dem Geld, das mit dem Prix Goncourt verbunden war, kaufte sich Simone nun endlich ihre eigene Wohnung, ein Atelier mit Blick auf den Friedhof von Montparnasse. Es machte ihr großen Spaß, sich einzurichten und einen guten Platz für ihre wertvollsten Stücke zu finden: ein Picasso, ein Lapidarium, ein Geschenk Giacomettis, Andenken an ihre zahlreichen Reisen. Als sie einzog, glaubte sie endlich den Arbeitsraum gefunden zu haben, in dem sie den Rest ihres Lebens zubringen und das Bett, in dem sie sterben würde. Und tatsächlich zog Simone nach ihrem Nomadendasein in allen möglichen Hotels nun auch nicht mehr um.

Als sie den Prix Goncourt bekam, war sie sechsundvierzig. Die Beziehung mit Algren war drei Jahre zuvor zu Ende gegangen; danach hatte eine tiefe Depression eingesetzt, und plötzlich war sie sich ihres Alters bewußt geworden. Wie Anne in *Les Mandarins* fühlte Simone sich bei dem Gedanken daran, daß sie »nie mehr in der Wärme eines Körpers eingehüllt schlafen« würde, dem Tod nahe:

> Schon immer hatte das Nichts mich erschreckt, aber bisher war ich Tag für Tag gestorben, ohne es zu bemerken: Plötzlich, mit einem Schlag, versank ein großes Stück meiner selbst. [...] Mein Spiegelbild hatte sich nicht verändert. Hinter mir lag eine Vergangenheit voller Leidenschaft, die mir noch ganz nahe war: Aber in den langen Jahren, die noch vor mir lagen, würde sie nie wieder aufblühen – nie mehr. Plötzlich befand ich mich jenseits einer Grenze, die ich nie im Leben überschritten hatte: ...[7]

Kurz darauf begann sie, eine panische Angst vor Krebs zu entwickeln, und danach erlebte sie das Wunder, doch noch gesund an Leib und Seele zu sein. Die Zeit der Genesung war voller Freude, und sie packte ihr neues Leben mit beiden Händen an.

Im Redaktionsausschuß von *Les Temps Modernes* gab es nun mehrere neue Gesichter. Unter ihnen war auch ein junger Mann Mitte Zwanzig, der offen und stolz zu seiner jüdischen Abstammung stand, eine Résistance-Organisation gegründet hatte, als er noch auf dem *lycée* war, und im *maquis* gekämpft hatte: Claude Lanzmann. Er steckte voller Energie und stand ideologisch den Kommunisten nahe, obwohl er nicht Mitglied der Partei war. Sein Optimismus reizte Simone zwar manchmal, aber er bildete auch ein Gegengewicht zu ihrem eigenen Pessimismus. – »Er brauchte diese Hoffnung auf den nächsten Tag, um die Zerrissenheit zu kompensieren, an der er litt.«[8] Lanzmanns Spontaneität, seine Direktheit und seine übersprudelnde Freude oder übermäßige Empörung erinnerten Simone an ihre eigenen jugendlichen Ausschweifungen und stellten ein Gegenbild zu Sartres und ihrem eigenen emotionalen Puritanismus dar. Im Alter von vierundvierzig ließ Simone sich schließlich auf eine Beziehung mit einem siebzehn Jahre jüngeren Mann ein und versuchte zum ersten Mal, mit jemandem zusammenzuleben.

In Josée Dayans Filmporträt von Simone de Beauvoir fragt Simone Lanzmann, welchen Eindruck er anfangs von ihr gehabt habe. Lanzmann antwortet, daß er sie sehr hübsch gefunden habe. Er wollte herausfinden, was hinter ihrer Gelassenheit steckte. Schon bald fand er heraus, daß sie weniger gelassen war, als sie aussah. Was ihn von Anfang an am meisten an ihr faszinierte, waren ihr Lebenshunger und ihre immer neuen Projekte. Sie war ständig aktiv, wollte reisen, alles genau sehen. Und Lanzmann entdeckte die Welt zusammen mit ihr.

Durch ihre Beziehung zu Lanzmann erwachte Simone zu neuem Leben. Er befreite sie von ihrer Furcht vor dem Alter und von ihren immer stärker werdenden Angstanfällen und weckte ihr Interesse an allen möglichen Dingen neu: »Nach zwei Jahren, in deren Verlauf der allgemeine Niedergang für mich mit dem Zusammenbruch einer Liebe und den ersten Vorahnungen des Abstiegs Hand in Hand gegangen waren, gab ich mich rückhaltlos einem neuen Glück hin.«[9] Sie lebten und reisten zusammen, und die Beziehung wurde von der fast schon manischen Intensität beflügelt, mit der Simone das Leben anpackte. Lanzmann spornte sie an, an *Les Mandarins* weiterzuarbeiten, als Sartre – noch immer de Beauvoirs erster und wichtigster Kritiker – unzufrieden damit war. Lanzmann war es auch, der sie zu dem Titel des Buches anregte.

Simone hatte Angst gehabt, daß ihre neue Beziehung zu Lanzmann die zu Sartre beeinträchtigen würde. Aber sie ging weiter wie vorher, nur daß nun eher ihr enges Verhältnis als alte Freunde und Kollegen im Vordergrund stand. In gewisser Hinsicht hatte Sartre seine »notwendige« Beziehung zu Simone immer als Schutz gegen eine zu enge Bindung an andere Frauen eingesetzt, und das konnte er nach wie vor tun, egal, ob sie nun mit Lanzmann zusammenlebte oder nicht. Seine Affäre mit Dolores war inzwischen zwar vorbei, aber dafür hatte er eine ganze Reihe von anderen Geliebten, unter ihnen Michelle Vian und bald auch die junge Schauspielerin Evelyne Rey, Lanzmanns Schwester. Sartre war mittlerweile in die Wohnung seiner Mutter gezogen, wo Simone jeden Nachmittag mit ihm zusammen arbeitete. Zu dieser Zeit litt er bereits an Erschöpfungsanfällen, und sein hoher Blutdruck und andere Krankheiten begannen, sich bemerkbar zu machen, weil er sich unerbittlich zur Arbeit antrieb und zuviel Alkohol und Drogen konsumierte. Obwohl er seine Beschwerden ignorierte, soweit das ging, quälten sie ihn doch bis zum Ende seines Lebens. Simone, die trotz ihrer unermüdlichen Aktivität besessen war vom Tod, fing an, sich Sorgen zu machen. Sie übernahm immer mehr die Rolle von Sartres Beschützerin und Krankenschwester und versuchte, seinen Genuß von Rauschmitteln einzudämmen und ihn daran zu hindern, daß er sich überanstrengte. Bis zu Sartres Tod unterbrachen sie jeden Sommer ihre anderen Beziehungen und verbrachten zusammen zwei oder drei Monate in Rom. Sie fühlten sich dort so wohl, weil sie die Wärme und Offenheit der befreundeten linken Intellektuellen und die Atmosphäre der Stadt genossen.

1955 nahmen Sartre und de Beauvoir gemeinsam an der Friedenskonferenz in Helsinki teil, wo Vertreter aus aller Welt sowie eine ganze Schar bedeutender Schriftsteller und Intellektueller aus Ost und West sich trafen. Nach dem kalten Krieg begann nun die Phase des Tauwetters. Stalin war tot, und die Sowjetunion schien jetzt einen liberaleren Kurs einzuschlagen. Sartre hatte inzwischen ein gutes Verhältnis zur Kommunistischen Partei in Frankreich, und auch der Rest der Nation strebte gute Beziehungen zur Sowjetunion an. Simone de Beauvoir schreibt: »Für uns gab es keinen Eisernen Vorhang, kein Reiseverbot, kein Exil mehr. Die sozialistische Welt war ein Teil unseres Universums geworden.«[10] Die Lösung lautete nun Versöhnung, und – Ironie des Schicksals – ausgerechnet der russische Schriftsteller Ilja Ehrenburg bat Sartre, die Vereinigten Staaten in seinem Beitrag zur Konferenz nicht zu heftig anzugreifen. Simone, die die letzten Jahre fast ausschließlich mit der Arbeit an *Les Mandarins* und mit ihren persönlichen Problemen verbracht hatte, fühlte, wie sich allmählich wieder alte Bedürfnisse in ihr regten. Sie wollte sich irgendwie nützlich machen. Die algerische Delegation forderte bei der Konferenz ein Treffen mit den Franzosen und verkündete, daß die algerische Auflehnung gegen die französische Kolonialherrschaft in eine neue Phase getreten war. Es wäre das beste, wenn die Franzosen das Land

Mit Jean-Paul Sartre in China, 1955.

verließen, ohne daß es vorher noch zu einem ausgewachsenen Unabhängigkeitskrieg käme. Es sickerten allmählich Berichte von Folterpraktiken der französischen Polizei durch. Bald nach Simone de Beauvoirs Rückkehr nach Paris wurde in Algerien der Notstand ausgerufen, und es wurde ein Komitee gebildet, das alles daran setzte, Algerien französisch zu halten. Simones Arbeit für den algerischen Befreiungskampf gegen Frankreich wurde in den nächsten Jahren zu ihrem wichtigsten politischen Engagement. Aber zuerst setzte sie sich noch mit China auseinander.

Im Herbst 1955 wurden de Beauvoir und Sartre von der chinesischen Regierung nach China eingeladen, damit sie im Westen über den Fortschritt der Revolution berichten konnten. Diese Reise bildete die Grundlage für Simones Buch über China mit dem Titel *La longue Marche. Essay sur la Chine (China – das weitgesteckte Ziel)* und für ihr allmählich wachsendes Verständnis von der wahren Bedeutung des Ausdruckes »unterentwickelt«. Ihre bisherige Konzentration auf Europa erhielt nun ein Gegengewicht durch das Gefühl, daß der größte Teil der Weltbevölkerung ein Leben führte, das keinerlei Verbindung zu ihrem eigenen hatte. Selbst der Sinn von Wörtern wie »Feld«, »Bauer«, »Dorf«, »Stadt« oder »Familie« veränderte sich radikal, und ihr bisheriger Bezugsrahmen geriet ins Wanken.

Bisher hatte ich trotz aller Lektüre und einiger oberflächlicher Urteile über Mexiko und Afrika den Wohlstand Europas und der USA als Norm betrachtet, während die Dritte Welt nur ganz nebelhaft am fernen Horizont existierte. In meinen Augen brachten die chinesischen Massen das Gleichgewicht auf unserem Planeten ins Wanken. Die Not des Fernen Ostens, Indiens und Afrikas wurde zum wahren Kern der Welt, und unser abendländischer Komfort zu einem engbegrenzten Privileg.[11]

Man sollte nicht vergessen, daß diese Sicht de Beauvoirs heute zwar nicht mehr so ungewöhnlich erscheinen mag, daß aber damals die meisten europäischen Intellektuellen noch immer fast ausschließlich in einer Welt verwurzelt waren, die praktisch nur aus dem Ost- und Westblock bestand.

Nach ihrer Rückkehr nach Paris unternahm Simone intensive Nachforschungen, bevor sie ihren Essay verfaßte. Darin versuchte sie, die chinesische Revolution vor dem Hintergrund der eigenen Geschichte, nicht aus dem Blickwinkel des westlichen Kritikers, zu betrachten. Im selben Jahr hatte sie das Bürgertum in ihrem Essay »La Pensée de droite aujourd'hui« angegriffen, weil es unbedingt ein Gedankensystem ohne Zukunft zur allgemeinen Norm erheben wollte. Sie versuchte nun, ihr eigenes europäisches Scheuklappendenken loszuwerden. In den fünfziger Jahren erhielten Bewohner des Westens nur selten Gelegenheit, China zu besuchen und sich mit eigenen Augen von den Fortschritten der dortigen Revolution zu überzeugen. Simone de Beauvoir war bestrebt, der Flut antirevolutionärer Propaganda aus Hongkong entgegenzuwirken. Deshalb betonte sie in ihrem Buch die positiven Gesichtspunkte der Revolution, die Tatsache, daß die chinesische Variante des Kommunismus eher praktisch ausgerichtet war und – als wichtigster Punkt –, daß China als einziges großes Entwicklungsland den Hunger unter Kontrolle gebracht hatte. Durch ihre Art des Sozialismus hatten die Chinesen die Geißeln des vorrevolutionären China überwunden: Schmutz, Ungeziefer, Epidemien, hohe Säuglingssterblichkeit, chronische Unterernährung. Auch die Frauen leisteten einen wesentlichen Beitrag zur Umstrukturierung des Landes. Deshalb hatten sie nun auch eine weit bessere Stellung inne als jemals zuvor. Simone de Beauvoir glaubte, hier lobenswerte Ansätze zu entdecken. China baute ihren Glauben an die Geschichte wieder auf.

Die Algerienpolitik der französischen Regierung hingegen erschütterte diesen Glauben heftig. Simone de Beauvoir war klar, daß Algerien letztlich die Unabhängigkeit erlangen mußte – aber um welchen Preis? Von 1956, als Berichte über die französische Folterung von Algeriern sich allmählich in Frankreich ausbreiteten, bis 1962, als das Land endlich unabhängig wurde, führten de Beauvoir und Sartre eine ihrer längsten Kampagnen für die Unabhängigkeit. Sie schrieben, sprachen in Radiosendungen und auf öffentlichen Versammlungen, und sie nahmen an Demonstrationen teil. Anfangs ernteten sie mit ihren Aktivitäten heftige Kritik, weil sie angeblich die Nation verrieten und ihre Moral untergruben.

Als der Krieg in Algerien schließlich eskalierte, unterstützte Frankreich – anfangs auch die Linke, die fürchtete, sonst Anhänger zu verlieren – mit aller Kraft eine

Regierung, die den französischen Siedlern in Algerien, den sogenannten *Pieds Noirs,* gegen die immer heftiger rebellierende moslemische Bevölkerung zu Hilfe geeilt war. »Ohne daran zu denken, was es kosten würde, überzeugt, daß der ›Verlust Algeriens‹ zu seiner Verarmung führen müsse, den Mund von Schlagwörtern gebläht – französisches Imperium, französische Départements, Preisgabe, Tapferkeit, Größe, Ehre, Würde –, versank das ganze Land – Arbeiter und Unternehmer, Bauern und Bürger, Zivilisten und Soldaten – in Chauvinismus und Rassenhaß«[12], schreibt Simone de Beauvoir in *La Force des choses.* Folter, Vergewaltigung – nichts war der französischen Armee zu brutal, während die FLN (Front de Libération Nationale) wegen ihrer Guerilla-Angriffe der »islamischen Barbarei« beschuldigt wurde. Simone fühlte sich in ihrem eigenen Land immer mehr im Exil. 1956 waren nicht einmal mehr die Kommunisten mögliche Verbündete: Sie und Sartre hatten einen Protest gegen die sowjetische Invasion in Ungarn unterzeichnet, der jegliche sowjetische Aggression kategorisch verdammt, und Sartre hatte seine Kontakte zu Freunden in der Sowjetunion abgebrochen. Noch bestimmter war beider Bruch mit den für die Politik der Kommunistischen Partei Frankreichs Verantwortlichen ausgefallen, weil deren Propagandaorgane Lügen über den Aufstand der Ungarn verbreiteten.

Die Algerienkrise eskalierte, und ihre Auswirkungen setzten sich bis nach Frankreich fort. Dort wurden Algerier tagtäglich Opfer von Menschenjagden, während die Franzosen sich blind und taub stellten. Als schließlich das *Dossier Müller* in der Redaktion von *Les Temps Modernes* einging, war Simone, die in politischen Dingen gewöhnlich viel optimistischer reagierte als Sartre, voller Empörung und Erregung. In diesem Dossier berichtete ein französischer Soldat über die Greueltaten, die in

Algerien verübt wurden: Ganze Bataillone plünderten, brandschatzten, vergewaltigten und metzelten Algerier nieder; die Folter war zu einem weit verbreiteten Mittel geworden, sich Informationen zu verschaffen.

Simone konnte ihre französischen Mitbürger nicht mehr länger ertragen und ging nur noch selten aus dem Haus: »Ich fühlte mich genauso verstoßen wie in der ersten Zeit der Besetzung.«[13] *Les Temps Modernes* forderte die Unabhängigkeit des algerischen Volkes und behauptete mutig seine Sympathien für das Vorgehen der FLN.

1958 wurde Frankreich aufgrund des Algerienkrieges, innerer Zerwürfnisse und immer häufigerer Streiks und Unruhen von einer heftigen Regierungskrise geschüttelt. Nur de Gaulle – so glaubte man –, der die Armee hinter sich hatte, konnte Recht und Ordnung wiederherstellen. Niemand wußte so genau, wie seine Algerienpolitik aussehen würde, aber man nahm allgemein an, daß sie nationalistisch sein würde. De Beauvoir und Sartre kämpften und demonstrierten gegen seine Wiederwahl und gegen das Referendum von 1958, das die Verfassung radikal änderte und dem Präsidenten mehr Macht zugestand. Simone de Beauvoir wurde noch deprimierter, als ihr klar wurde, daß die bürgerliche Demokratie lieber einen Diktator hinnahm, als einer Volksfrontregierung an die Macht zu verhelfen. Die ganze politische Zukunft Frankreichs schien auf dem Spiel zu stehen. Für sie und Sartre bedeutete die neue Verfassung so etwas wie einen gewaltigen kollektiven Selbstmord. Sartre schrieb in einem Brief von Brasilien aus an das Militärgericht, vor dem sich ein Freund und Mitkämpfer für die Belange der FLN verantworten mußte, daß die Unabhängigkeit Algeriens feststehe. Was jedoch nicht feststehe, sei die Zukunft der Demokratie in Frankreich. Denn der Algerienkrieg habe das

Land korrumpiert. Die wachsende Beschränkung der Freiheit, das Verschwinden des politischen Lebens, die Hinnahme der Folter durch die Allgemeinheit, die ständige Opposition von Militär und Zivilisten – all das sei Kennzeichen einer Entwicklung, die man ohne Übertreibung als faschistisch bezeichnen könne.

Aufgrund dieser Äußerung wurde Sartre vor die Französische Nationalversammlung berufen.

Mit Sartre und Fidel Castro, Kuba 1960.

Simone de Beauvoir setzte sich zu jener Zeit gerade mit aller Kraft für eine Widerrufung des Todesurteils gegen einen ihrer ehemaligen Schüler ein, der in einen Bombenanschlag in Algerien verwickelt gewesen war. 1960 unterstützte sie Djamila Boupacha, eine junge Algerierin, die die Franzosen gefoltert hatten und die bereit war, die französische Armee vor Gericht zu bringen. Ihr Anwalt wollte, daß die Verhandlung in Frankreich stattfand. De Beauvoir schrieb einen Artikel für die Zeitung *Le Monde*, die in Algier noch am selben Tag verboten wurde. Aber dank ihres Eingreifens erlangte der Fall internationale Bedeutung. Simone wurde Mitglied des Verteidigungsausschusses für Djamila Boupacha und schrieb ein Vorwort zu einem Buch über sie.

Ebenfalls 1960 veröffentlichte *Les Temps Modernes* das »Manifest der 121«, in dem es hieß, daß die Wehrpflichtigen im Falle des Algerienkrieges völlig zu Recht den Wehrdienst verweigern könnten. Das bedeutete Anstiftung zum zivilen Ungehorsam und möglicherweise fünf Jahre im Gefängnis. In Brasilien, wo Sartre und de Beauvoir sich gerade aufhielten, kursierten Gerüchte über Sartres drohende Festnahme bei seiner Rückkehr nach

Jean-Paul Sartre, um 1960.

Paris. Fünftausend Kriegsveteranen marschierten die Champs-Elysées hinunter und riefen dabei »Tötet Sartre!«. De Beauvoir und Sartre hätten der Sache der Wehrdienstverweigerer am liebsten so viel Gehör wie möglich bei der Öffentlichkeit verschafft, indem sie sich verhaften ließen. Aber obwohl Anklage erhoben wurde, wurde das Verfahren verschoben und die Anklage schließlich zurückgezogen. De Gaulle war ein zu scharfsinniger Politiker, als daß er sich dazu hätte verleiten lassen, einen Intellektuellen von internationalem Rang zu verhaften. Er meinte dazu: »Man verhaftet Voltaire nicht.«

Die wachsende allgemeine Unterstützung für die Befreiung Algeriens führte zur Gründung der terroristischen OAS, die ihre Bombenangriffe als Vergeltungsmaßnahme gegen die Antikolonialisten in ganz Frankreich durchführte. In den Jahren 1961/62 wurden Sartres verschiedene Wohnungen – er und de Beauvoir zogen in jener Zeit mehrmals um, um den Terroristen immer eine Nasenlänge voraus zu sein – etliche Male zum Ziel von Bombenanschlägen. Als das Buch über Djamila Boupacha erschien, an dem Simone de Beauvoir mitgewirkt hatte, erhielt sie in ihrer Wohnung eine telefonische Morddrohung.

Der lange Kampf um die algerische Unabhängigkeit machte Simone de Beauvoir zu einer echten politisch Engagierten, die sich unter anderem mit ihren Schriften politisch betätigte. In jenen Jahren der politischen Leidenschaft gab es keine Möglichkeit aus der öffentlichen Verantwortung heraus. Aber damals begann Simone auch, auf ihr eigenes Leben zurückzublicken und die Kräfte zu analysieren, die sie geformt hatten. Paradoxerweise wurde ihre Autobiographie zu einer ihrer größten öffentlichen Aussagen: »Da ich eine Intellektuelle bin, lege ich Gewicht auf Worte und auf die Wahrheit«[14], schreibt sie in *La Force des choses* und schildert ihren Ekel vor dem Gifthauch der Lüge, der Frankreich in den Anfangstagen des Algerienkrieges durchzog. In ihrer Autobiographie sucht sie in ihrer eigenen Vergangenheit nach der Wahrheit, und sie will auch diese Vergangenheit »öffentlich« machen, um so die Trennlinie zwischen Politischem und Privatem aufzuheben.

7

Ein vorbildliches Leben

Simone de Beauvoir begann ihre Autobiographie mit achtundvierzig Jahren. *Mémoires d'une jeune fille rangée (Memoiren einer Tochter aus gutem Hause)* erschien zwei Jahre später. Sie erzählt darin ihre katholische Kindheit, die Jahre der Pubertät und Auflehnung sowie die Zeit als junge Frau, bis sie Sartre kennenlernte und Zaza starb. 1960 folgte darauf *La Force de l'âge (In den besten Jahren)*, eine Beschreibung ihrer Anfänge mit Sartre, ihrer Lehrjahre als Schriftstellerin, ihres ersten veröffentlichten Romans und der qualvollen Tage und Wochen während des Zweiten Weltkrieges, in denen Sartre und de Beauvoir den Existentialismus und die Ethik des Engagements entwickelten. *La Force des choses (Der Lauf der Dinge)* erschien 1963 und schildert die Zeit des kalten Krieges, die Auseinandersetzungen in Algerien und die Jahre des politischen Aktivismus. Danach folgte eine lange Pause bis 1972, als schließlich der letzte Band mit dem Titel *Tout Compte fait (Alles in allem)* herauskam. Hier gab de Beauvoir die lose chronologische Struktur auf, der sie bis dahin gefolgt war, und ließ noch einmal ihr ganzes Leben in thematischen Blöcken Revue passieren, die sie besonders beschäftigten und die sie in späteren Jahren beeinflußt hatten. In dieser monumentalen Autobiographie, die wohl zu ihren hervorragendsten Leistungen zählt, wollte sie den Leser ihr Leben so direkt wie möglich spüren lassen. In den vier gewichtigen Bänden voll historischer, kultureller und persönlicher Details ersteht vor den Augen des Lesers ein ganzes Leben. Und dieses Projekt erwies sich als ebenso bedeutend wie *Le deuxième Sexe* oder Simones fiktionale Werke.

Die Autobiographie ist traditionell eher das Metier des Tatmenschen als des Bücherwurmes, und – so könnte man hinzufügen – eher des Mannes als der Frau. So sind de Beauvoirs Memoiren also in zweifacher Hinsicht einzigartig. Sie setzte es sich darin zum Ziel, ihre ganz eigene Weiblichkeit zu definieren und ein Leben zu dokumentieren, das sich zum großen Teil im Lichte der Öffentlichkeit abgespielt hatte. Die Enthüllungen des Autobiographen bedeuten immer auch gleichzeitig eine geistige Rekonstruktion, durch die die vielen Aspekte und Augenblicke des Ich zur – wenn auch bisweilen sprunghaften – Einheit einer Erzählung verschmelzen. Die Gegenwart zieht dabei unweigerlich Lehren aus der Vergangenheit. Gegenwärtige Interessen unterlegen der Vergangenheit einen gewissen Sinn und heben einzelne Gesichtspunkte heraus oder vernachlässigen sie. Auch Simone de Beauvoir bildet hier trotz ihrer Betonung von Wahrheit und Aufrichtigkeit keine Ausnahme. Sie ist sich selbst darüber bewußt, daß das Gedächtnis schöpferisch arbeitet und die tatsächliche Erfahrung mit einer »künstlerischen Notwendigkeit« ausstattet.

Die Autobiographie de Beauvoirs schafft ein beispielhaftes Leben für jene Heldin, die sie selbst ist. In den Memoiren lernen wir eine Frau kennen, die ihren kindlichen Ehrgeiz erfüllt hat, die Welt so aufrichtig wie möglich zu erfahren und über sie zu schreiben; eine Frau, die sich ihre Freiheit erfolgreich bewahrt und die spezifisch weibliche Situation des anderen transzendiert hat, die selbst zum Subjekt geworden ist und sich schließlich nach dem Krieg als verantwortungsbewußte Intellektuelle politisch engagiert hat. Man hat das Gefühl, daß sie so manches glättete und sich nicht immer mit inneren Widersprüchen konfrontieren wollte. Sie behandelt Sexualität, Ängste und Anfälle von tiefen Depressionen wie auch die ganze Frage ihrer eigenen Weiblichkeit eher ausweichend.

Trotz der echten Bewunderung, die man der Autobiographie zollen muß, löst sie doch bisweilen durch ihren kühl-bestimmten Ton Verärgerung aus. Diese Verärgerung beruht vermutlich auf zwei miteinander verbundenen Aspekten des Werkes. Erstens steht de Beauvoir sich selbst gerade kritisch genug gegenüber, um jegliche andere Kritik zu untergraben. Sie bewertet und greift ihre eigenen Illusionen ohne zu zögern an. Sie entlarvt den Optimismus von *La Force de l'âge* als Ergebnis einer falschen Vorstellung von der Freiheit, die von bürgerlichen Vorrechten untermauert wird. Der Krieg und die allgemeinen Umstände bilden ein Gegengewicht zu ihrem Glauben an die Unbezähmbarkeit ihres Willens. Simone de Beauvoir weist ehrlich auf ihre Verblendungen und Eifersüchteleien hin, nur um sie dann schnell abzuhaken und doch letztlich zu übergehen. Das wird am greifbarsten in der »Identifikation« ihrer eigenen Weiblichkeit, die ihrer Meinung nach für sie nie zur Debatte stand.

Die Autobiographie ignoriert sie in vielerlei Hinsicht auch weiterhin, und zwar vermutlich wegen des zweiten Faktors: Simone de Beauvoirs Alter. Als sie die Autobiographie beginnt, und besonders, als sie bei den beiden mittleren Bänden anlangt, ist sie bereits so alt, daß sie sich nicht mehr so stark mit der Sexualität, mit Beziehungen zu Männern und ihrer eigenen Weiblichkeit beschäftigt, sondern eher mit Alter, Krankheit und Tod. Die Ausschweifungen und Ungewißheiten der Jugend sind nun zweitrangig gegenüber der Vernunft, die viel mehr der

Simone de Beauvoir in ihrem Pariser Appartement.

täglichen Erfahrung Simones entspricht. Die extreme Leidenschaft ihrer Vergangenheit scheint ihr jetzt ein wenig peinlich, deshalb behandelt sie sie nur am Rande. Nur selten findet sich ein Hinweis auf weiblichen Masochismus. Die vielfältigen Schwierigkeiten ihrer frühen Jahre mit Sartre, ihre Verhältnisse, ihr erwachendes Bewußtsein als Frau – all das gehört einer Vergangenheit an, die sie transzendiert hat. Zusammen mit Simones Betonung des Rationalen führt dies manchmal zu einem ärgerlichen Auseinanderklaffen zwischen der Erfahrung, die sie beschreibt, und dem kühlen, vernünftigen Ton, in dem sie es tut – einem Ton, der geflissentlich die Höhen und Tiefen heftiger Emotionen ausspart. Interessanterweise klingt die Autobiographie dann emotionaler, wenn sie Auszüge aus früheren Tagebüchern – beispielsweise über die Kriegsjahre – einfügt. Das ist auch dann der Fall, wenn sie politische Auseinandersetzungen wie den Algerienkrieg beschreibt, die noch nicht allzulange her sind, oder wenn sie den Einfluß des Alterns schildert, in dem die Bedeutung der Zukunft immer mehr in den Hintergrund tritt.

Simone de Beauvoir gibt uns in ihrer Autobiographie genau das, was Anne in *Les Mandarins* nach Meinung mancher Kritiker nicht bekommen hat – ein abgerundetes Leben, das sich nicht nur auf die hergebrachten Bereiche weiblicher Erfahrung, auf Gefühle und Sexualität, konzentriert. Statt dessen kommen die Arbeit, verschiedene Projekte, die öffentliche, historische und kulturelle Sphäre ebenso zu ihrem Recht. Insgesamt betrachtet, hat der öffentliche Bereich das größte Gewicht. Dieser Eindruck verstärkt sich für uns heute noch dadurch, daß in den letzten Jahren genügend Bekenntnisse von Frauen erschienen sind, die die Besonderheit des weiblichen Gefühls- und Geschlechtslebens detailliert ausgelotet haben. Das fast völlige Fehlen dieser Aspekte in den

Memoiren einer Frau, die überhaupt erst den Weg für solche Betrachtungen ebnete, muß unter diesem Gesichtspunkt einfach ins Auge fallen. Aber Simone de Beauvoir ist in einer zurückhaltenderen und puritanischeren Generation verwurzelt. Hieraus ergibt sich sozusagen eine doppelte Absurdität: Erstens verlangt man von de Beauvoir, daß sie die Memoiren einer Frau verfaßt, die in einer anderen Zeit erzogen wurde und mit der Anpassung an das andere Geschlecht aufwuchs. Zweitens ärgert man sich über sie, weil sie genau jene Bereiche nicht intensiv erforscht, gegen die sich die Frauen immer stärker wehren, weil sie nicht die *Gesamtheit* ihrer möglichen Erfahrungen beinhalten.

Somit wird auch klar, daß Simone de Beauvoir ihre Memoiren unter anderem deshalb schrieb, weil sie sich gegen die Angriffe der Kritiker beim Erscheinen von *Le deuxième Sexe* wehren wollte. 1960 sagte sie in einem Interview, daß sie ein weit verbreitetes Mißverständnis korrigieren wollte: daß nämlich eine verbitterte Vierzigjährige *Le deuxième Sexe* verfaßt hatte, die sich damit für ein ganz und gar unglückliches Leben rächen wollte. Das erfüllte und vorbildliche Leben, das sie in den Memoiren darstellt, macht jedenfalls die Vorstellung von der verbitterten, in ihrer eigenen Situation gefangenen Frau recht wirkungsvoll zunichte.

Simone de Beauvoirs Ziel, den Kritikern entgegenzutreten, erklärt auch bis zu einem gewissen Grade die verschiedenen Passagen in den Memoiren, in denen sie ganz deutlich herausstellt, daß sie nie wegen ihrer Weiblichkeit litt und in ihrem Freundeskreis immer als völlig gleichberechtigt behandelt wurde.

Die Simone de Beauvoir, der wir in den Memoiren begegnen, ist eine Meisterin der Verdrängung – einer Verdrängung, die es ihr erlaubt, unbeirrt ihren Weg zum Erfolg weiterzugehen. Sie steht dem psychoanalytischen

Ansatz nicht sonderlich aufgeschlossen gegenüber, der ihr Gefühl der Selbstbeherrschung und ihr scharfes Bewußtsein vielleicht gefährden könnte. Sie gesteht, daß die Wahrheit ihrer Memoiren gleichzeitig auch die besondere Wahrheit ihrer Welt ist. Ihre Aufrichtigkeit übersteigt ihrer Meinung nach bei weitem ihre Sorge über das Bild, das sie von sich selbst zeichnet. Diese Aufrichtigkeit erklärt sich aus ihrer Lebensgeschichte. Sie urteilt nicht und kann so frei über sich selbst sprechen, jedenfalls solange sie sich in ihrer eigenen Welt bewegt. Solange sie selbst ihr Leben beschreiben kann, läßt sie sich durch nichts entmutigen.

Das Bild, das wir durch ihre Autobiographie von ihr erhalten, betont ihre Unerschrockenheit. Wie die unternehmungslustigen Helden Balzacs überwindet Simone de Beauvoir die Beschränkungen von Klasse und Geschlecht und erkämpft sich ihren Platz in der Welt – zuerst als glänzende Studentin, dann als Lehrerin, als Frau, die sich selbst ernähren kann, später als Geliebte und Gefährtin des angesehensten Philosophen ihrer Zeit und schließlich als gefeierte Schriftstellerin und Galionsfigur der Linken und der feministischen Bewegung. Ihr ganzes Leben lang stellt sie jene geistige Beweglichkeit und Scharfsinnigkeit unter Beweis, die das ganze Gerede anderer einfach zugunsten der Klarheit und Aufrichtigkeit beiseite schiebt. Sie nutzt ihre Zeit voll übersprudelnder Energie, um Geschichte, Literatur und Philosophie zu lesen; um zahllose Filme und Theaterstücke zu sehen; um mit der eifrigen Neugier, der Abenteuerlust und dem Blick fürs Detail zu reisen, die eine Romanfigur aus dem achtzehnten Jahrhundert auf einer Weltreise an den Tag gelegt hätte; und um schließlich auch noch Freundschaften und Liebesbeziehungen aufzubauen und trotz Sartres beachtlicher Anzahl von Verhältnissen die Harmonie mit ihm aufrechtzuerhalten.

Natürlich verdrängt sie Dinge, weicht ihnen aus, läßt sie ganz aus oder wählt ganz bestimmte subjektive Wahrheiten. Wie Angela Carter einmal boshaft, aber doch zutreffend meinte: »Eines der interessantesten Unternehmen in Simone de Beauvoirs Leben war ihre Mythologisierung Sartres. Ihre ganzen Memoiren dienen diesem Zweck.« Obwohl Sartre als Person in den Memoiren kaum vorkommt, durchdringt seine Größe das ganze Werk. Und er ist eine übermächtige Gestalt. Der Sartre, den Simone hier darstellt, ist immer klüger als sie selbst, immer genauer und überzeugender als alle anderen in seinen philosophischen und politischen Standpunkten, immer zur Stelle, wenn sie Hilfe braucht, über ihre Arbeit oder Beziehungen sprechen will. Er ist niemals zornig, und sie selbst ärgert sich kaum je einmal über seine unverbesserliche Neigung zum Don-Juanismus. Dieser Sartre ist weder der Sartre, wie de Beauvoir ihn in ihren Briefen an Algren darstellt, noch der Sartre, wie neuere Biographen ihn sehen. Simone blieb letztlich ihr ganzes Leben lang in ihrem Innersten eine pflichtbewußte »Tochter« und mußte Sartre deshalb immer so distanziert und unbeugsam darstellen, wie er ihr in ihren Träumen erschien. Die Gegenwart absoluter Autorität in der Gestalt des größten Philosophen der Zeit machte es ihr möglich, sich weiterhin aufzulehnen und gleichzeitig Erfolg zu haben. Indem Simone de Beauvoir in ihren Memoiren mit der Verwendung des »wir« für eine ständige Präsenz Jean-Paul Sartres sorgt, macht sie ihn auch in erster Linie zum Teil des Zweigespannes Sartre-de Beauvoir. Keiner der künftigen Historiker wird irgendeine von Sartres anderen Frauen, wie beispielsweise die Hauptdarstellerinnen seiner Stücke, für die Schlüsselfigur seines Lebens halten können. Durch ihre Autobiographie drückt Simone de Beauvoir Sartres Leben unauslöschlich ihren Stempel auf.

Erst nach Sartres Tod konnte Simone allmählich auch noch ein anderes Bild von Sartre zulassen: so zum Beispiel den oft kindischen und promiskuitiven Sartre aus den *Lettres au Castor et à quelques autres (Briefe an Simone de Beauvoir und andere)*, die Simone 1983, also nach seinem Tode, herausgab. Dort schreibt er ihr immer wieder, wie sehr er sie liebt, und bittet sie dann gleich darauf, Olga oder Wanda oder der jeweils betreffenden Geliebten nichts von dem Brief zu sagen. Er ist auch nicht nur jener manchmal Zorn oder Mitleid erregende und kleinliche Mensch, den Simone in *La Cérémonie des adieux* beschreibt, jenem Tribut an Sartres letztes Lebensjahrzehnt und seinen Tod. Durch die fast schon grausame Detailtreue, mit der Simone uns Sartres Krankheit, seine fortschreitende Erblindung und sein Altern schildert, erfahren wir in dieser bewegenden Darstellung mehr über die wirklichen Stärken und Schwächen ihrer Beziehung zueinander als in all den Seiten ihrer Autobiographie. Die schwierigen letzten Jahre von Sartres Leben entfremdeten sie politisch und belasteten ihre Freundschaft. Erst nach seinem Tode konnte Simone ihren Groll und die aufrichtige Achtung und Liebe zeigen, die sie einander entgegenbrachten. Hier kann ich ihr endlich auch glauben, daß ihre Beziehung zu Sartre der »eine unbestreitbare Erfolg«[1] ihres Lebens war – auch wenn ich manche ihrer anderen Leistungen höher bewerten würde. Der Einfluß Simone de Beauvoirs auf die Frauenbewegung und ihre Rolle als eine jener wenigen Denkerinnen, die unsere Weltsicht unmittelbar geprägt haben, ist sicherlich höher einzuschätzen als ihre Beziehung zu Sartre, egal, wie wir dabei sein eigenes philosophisches und literarisches Vermächtnis einstufen.

Trotz ihres Detailreichtums und ihrer Aufrichtigkeit sind die Memoiren paradoxerweise nur insofern persönlich, als sie für die breite Öffentlichkeit verfaßt sind. Sie sind nur ganz selten ein wirklich privates Dokument. Simones Leben entfaltet sich hier in Verbindung zur Außenwelt, durch die sich das Individuum ihrer Meinung nach definiert. Bei Simone de Beauvoir haben wir nie das Gefühl, daß das innere, ganz persönliche, oft geheime und unbewußte Leben die Beziehung nach außen formen oder zerbrechen könnte. Sie erkennt das mit ihrer beeindruckenden Kritikfähigkeit selbst, auch wenn sie die Schuld dafür dem Problem der chronologischen Erzählungsführung gibt. Im Vorwort zu *Tout Compte fait* schreibt sie:

Der Leser bekommt den Eindruck, daß man immer nur Beiläufiges mitteilen will: Vorbemerkungen gewissermaßen. Es sieht so aus, als solle das Wesentliche immer erst später, in der Zukunft erfolgen. [...] Andererseits spukten in jedem Lebensabschnitt andere, vorangegangene herum: in der Zeit meines Erwachsenseins meine Kindheit und Jugend, in der Kriegszeit die Vorkriegsjahre. Dadurch, daß ich dem Lauf der Zeiten folgte, machte ich es mir unmöglich, dieses Ineinandergreifen darzustellen. Es ist mir daher auch nicht gelungen, den verflossenen Stunden ihre dreifache Dimension zu belassen: sie gleiten gestaltlos, zu ewiger Gegenwart verdammt dahin, losgelöst von allem, was vor dieser Gegenwart liegt und was auf sie folgt.

Indessen stand mir kein anderes Vorgehen zu Gebote. Leben war für mich ein klar auf ein Ziel ausgerichtetes Unternehmen, und um mir darüber Rechenschaft zu geben, blieb mir nichts anderes übrig, als dem Ablauf des Lebens zu folgen.[2]

In der Welt ihrer Biographie gibt es nur eine Art von Gefühlen, die Simone de Beauvoirs klare Zielrichtung auf eine Weise zu gefährden scheint, wie es vergangene Affären, die Liebe und ihre Stellung als Frau nicht mehr vermögen. Es handelt sich dabei um die Empfindungen, die mit dem Tod und mit dem Altern zu tun haben. Alle Bände der Autobiographie, außer dem letzten, enden mit einem Hinweis auf den Tod – und man hat den Eindruck, daß das mehr als nur ein rhetorisches Mittel ist.

Der Tod hat mich entsetzt, seit ich begriff, daß ich sterblich bin. Zu einer Zeit, da die Welt in Frieden lebte und mir das Glück sicher schien, packte mich oft, wie damals als Fünfzehnjährige, der Schwindel vor dieser Abwesenheit aller Dinge, die von einem bestimmten Tag an und für immer meine Abwesenheit von allem sein würde. Dieses Versinken ins Nichts flößte mir solches Entsetzen ein, daß ich es für unmöglich hielt, ihm furchtlos ins Auge zu blicken.[3]

Simone de Beauvoir
in tiefer Trauer am Grab Jean-Paul Sartres.

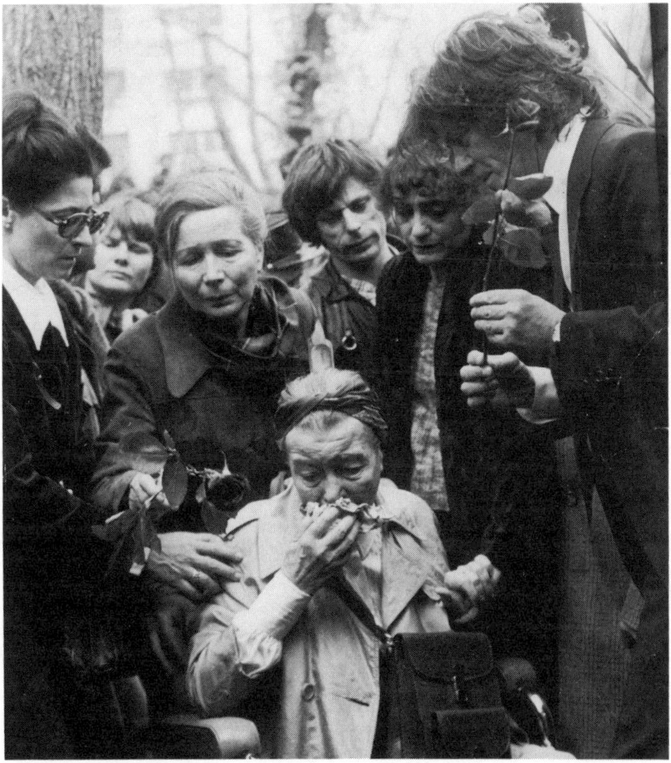

Der Tod verfolgt Simone de Beauvoir in ihren Träumen und wenn die Angst sie überkommt. Er nimmt einen beherrschenden Platz in vielen ihrer Bücher ein und überschattet ihre Schritte, die immer schneller werden, je mehr sie versucht, ihm zu entkommen. Ein guter Freund sagte einmal zu ihr, sie sei immer schon zu alt gewesen für ihr Alter. Während Sartres Krankheit und seines langsamen Verfalls in seinen zwanzig letzten Lebensjahren beschäftigt Simone de Beauvoir sich noch mehr mit dem Tod.

Wir tragen den Tod in uns, nicht wie den Kern der Frucht, sondern als den Sinn unseres Lebens. Trotzdem ist er uns fremd, feindselig, beängstigend. Nichts anderes zählt. Mein Buch, die Kritiken, die Briefe, die Menschen, die mit mir reden, alles, was mir Freude gemacht hätte, ist völlig ausgelöscht.[4]

1954 war der Tod für mich noch eine vertraute Erscheinung gewesen, von nun an war ich von ihm besessen.

Diese Besessenheit trägt einen Namen: das Alter.[5]

Simone fürchtet das am meisten, was sich nicht in den Plan vom Dasein einbetten läßt. Ihr Leben hatte sich immer auf eine Zukunft gegründet, für die es galt, die Gegenwart zu überwinden. Wenn es keine Zukunft mehr gibt, wird auch ihr unbezähmbarer Wille sinnlos, der ihr Wesen so stark bestimmt. Sie wird zum Opfer des Nichts.

Vor allem hat sich die Welt rund um mich verändert. Sie ist zusammengeschrumpft und enger geworden. [...] Dieser mysteriöse Kern ist zerfallen, das Pittoreske tot, die Narren kommen mir nicht mehr geheiligt vor, die Massen berauschen mich nicht mehr. Die damals so faszinierende Jugendzeit sehe ich nur noch als Vorspiel der Reife. Die Wirklichkeit interessiert mich noch, aber ihre Nähe erschüttert mich nicht mehr.[6]

Dabei finde ich es verwirrend, daß ich der Zukunft entgegengelebt habe, und jetzt rekapituliere ich meine Vergangenheit: Man könnte sagen, die Gegenwart sei mir abhanden gekommen.[7]

Die Frau, die das schreibt, ist vierundfünfzig Jahre alt, und sie hat noch weitere vierundzwanzig Jahre vor sich. Fast scheint es, als hätte sich Simone de Beauvoir ihr ganzes Leben lang auf dieses Alter vorbereitet – als hätte sie es auf merkwürdige Art herbeigesehnt. Paradoxerweise löst es in ihr tiefste Aufrichtigkeit aus. Jetzt, da sie nicht mehr durch die Frage ihrer Weiblichkeit behindert und abgelenkt ist, setzt sie sich viel offener mit dem Alter auseinander als früher. Anders als die meisten von uns ist sie bewundernswerterweise gerade in den Punkten viel ehrlicher, die ihr naheliegen, als in den schon weit entfernten.

Mit vierzig Jahren überlegte ich mir eines Tages: »In den Tiefen des Spiegels lauert das Alter. Und das Verhängnisvolle daran ist, daß es mich überrumpeln wird.« Es hat mich überrumpelt. Oft halte ich bestürzt vor diesem unglaublichen Ding inne, das mir als Gesicht dient. Ich begreife die Castiglione, die alle Spiegel zerschlagen hat. Ich schien mir wenig aus meinem Aussehen zu machen. [...] Ich hasse mein Spiegelbild: über den Augen die Mütze, unterhalb der Augen die Säcke, das Gesicht zu voll, und um den Mund der traurige Zug, der Falten macht. [...]

Jetzt ist der Augenblick gekommen, um zu sagen: Nie mehr! [...] Nie mehr ein Mann. Jetzt hat meine Phantasie ebenso entschieden ihren Entschluß gefaßt wie mein Körper. Trotz allem ist es seltsam, keinen Körper mehr zu haben, und es gibt Augenblikke, da dieses bizarre Phänomen mir durch seinen endgültigen Charakter das Blut in den Adern erstarren läßt. Die Gewißheit, daß ich nie mehr neue Begierden in mir spüren werde, ist noch schmerzlicher als der Verzicht: ...[8]

Simone de Beauvoirs bewegendstes Buch entstand aus ihrer Konfrontation mit dem Tod. *Une Mort très douce (Ein sanfter Tod)* ist eigentlich ein weiteres Kapitel ihrer Autobiographie und ironischerweise das persönlichste. Sie rekonstruiert darin die letzten Tage im Leben ihrer Mutter und die Demütigung dieser stolzen Frau durch ein medizinisches System, das darauf ausgerichtet ist, das

Leben um jeden Preis zu retten. Gleichzeitig beleuchtet sie damit jedoch auch eine äußerst wichtige Beziehung, die in den Seiten der Autobiographie über ihr Erwachsenenleben fehlen.

In dieser letzten Auseinandersetzung zwischen Mutter und Tochter drängen längst verschüttet geglaubte, überwältigende Gefühle an die Oberfläche, die sie weder kontrollieren noch wegrationalisieren kann:

Als mein Vater starb, habe ich keine Träne vergossen. Zu meiner Schwester hatte ich noch gesagt: »Bei Mama wird es genauso sein.« Bis zu dieser Nacht hatte ich all meine Schmerzen verstanden: selbst wenn sie mich übermannten, erkannte ich mich in ihnen wieder. Diesmal entzog sich die Verzweiflung meiner Kontrolle: jemand anders weinte in mir. Ich erzählte Sartre vom Munde meiner Mutter, wie ich ihn am Morgen gesehen, und von allem, was ich daran abgelesen hatte: verdrängte Eßgier, fast unterwürfige Demut, Hoffnung, Bedrängnis und eine Einsamkeit – die des Todes, die ihres Lebens –, die sich nicht zu erkennen geben wollte. Auch mein eigener Mund, so sagte er, gehorche mir nicht mehr: ich hätte meinem Gesicht das meiner Mutter aufgesetzt, und ob ich wollte oder nicht, ich ahmte seine Bewegungen nach. Ihr ganzes Wesen und ihr ganzes Dasein verkörperte sich darin, und Mitleid zerriß mich.[9]

Zum ersten Mal in ihrem Erwachsenendasein bekennt sich Simone zu einer Einheit mit der Mutter, die sie liebte und gleichzeitig verachtete. Sie hat ihre ganze Kindheit und auch ihren Tod vor Augen. Die Heftigkeit ihrer Reaktion und die »Hysterie«, die sie fast völlig in diese Identifikation mit ihrer Mutter eintauchen läßt, deutet darauf hin, daß die Erfahrung des Daseins als Frau, die sie bis jetzt immer verdrängt hatte, sich nun zu Wort meldet. Auch sie ist eine Frau und wird von einer Lage unterdrückt, gegen die sie sich schon immer bewußt gewehrt hat. Gerade zu dieser Zeit wird Simones Beziehung zu der jungen Studentin Sylvie Le Bon enger. »Je besser ich

Sylvie kennenlernte, um so verwandter fühlte ich mich ihr. Wie ich war sie eine Intellektuelle und hing genau wie ich leidenschaftlich am Leben. Auch noch in vielen anderen Punkten war sie mir ähnlich: bei einem Altersunterschied von 33 Jahren fand ich in ihr meine Vorzüge und meine Fehler wieder.«[10] Simone muß jetzt nicht mehr die ewige Tochter sein und kann symbolisch die Mutterrolle übernehmen.

Nun besteht eigentlich keine wirkliche Notwendigkeit mehr für eine Autobiographie. Im psychologischen Sinne wie auch in chronologischer Hinsicht hat Simone de Beauvoir sich jetzt selbst eingeholt. In den nächsten Jahren schreibt Simone zwei weitere fiktionale Werke, die keinen engen Bezug zu ihrer eigenen Person haben. Sie beschäftigt sich darin mit Frauen, die in einem Leben gefangen sind, das sie nicht völlig selbst bestimmen. Das erste der beiden Werke – *Les belles Images (Die Welt der schönen Bilder)* – entlarvt die Leere einer technokratischen Gesellschaft, deren Gedanken und Gefühle sich in den inhaltslosen Phrasen eines Werbetexters ausdrücken. In dieser Welt des wohlhabenden Bürgertums ist eine Art hektischer Selbstgefälligkeit die Tagesordnung. De Beauvoirs Heldin ist »eine junge Frau [...], die ihrer Umgebung hinlänglich genug verhaftet ist, um sie nicht zu verurteilen, aber doch ehrlich genug, sich bei diesem im Grunde sträflichen Einverständnis unbehaglich zu fühlen«.[11] Schließlich bringen die beharrlichen Fragen ihrer kleinen Tochter über Kinder, die im Elend leben, sie um ihre Gelassenheit. Da sie in der Illusion des »guten Lebens« gefangen ist, aus dem sie keinen Ausweg sieht, wirkt sich die Verzweiflung auf ihren Körper aus. Sie wird magersüchtig, was alle um sie herum peinlich berührt.

In dieser kurzen, schnellen, ja fast schon grausamen Erzählung entlarvt de Beauvoir die Falschheit und Leere der Wohlstandsgesellschaft in den sechziger Jahren, die bewußt die Augen vor dem Schicksal des größten Teils der Menschheit verschließt. Anders als in ihren früheren literarischen Werken besteht das einzige autobiographische Element des Romanes in der Beziehung der Heldin Laurence zu ihrem Vater, einem Pseudophilosophen. Seine scheinbar so attraktive Moral beruht auf Überzeugungen, die so abgegriffen sind, daß er der Realität genauso blind gegenübersteht wie die anderen Figuren des Buches. Wie Simone erkennt auch die Heldin allmählich die Heuchelei in den Ansichten des Vaters, den sie so sehr bewundert. Doch selbst wenn die Autorin tiefes Mitgefühl für die Lage von Laurence empfindet, ist sie hier nicht mehr die Simone, die ihrem eigenen Dasein bereits literarische Gestalt verliehen hat.

Simone de Beauvoirs nächstes Werk mit dem Titel *La Femme rompue (Eine gebrochene Frau)* besteht aus drei Geschichten, die durch die Beschäftigung mit der Situation der Frau miteinander verbunden sind.

Ich habe kürzlich die Bekenntnisse mehrerer Frauen um die Vierzig erhalten, die um einer anderen willen von ihren Ehemännern verlassen worden waren. Trotz der Verschiedenheit der Charaktere und Lebensumstände gab es doch zwischen all diesen Berichten interessante Ähnlichkeiten: diese Frauen begriffen nichts von dem, was ihnen zugestoßen war, jede fand die Verhaltensweise ihres Mannes widerspruchsvoll und abwegig, jede hielt die Rivalin für seiner Liebe unwürdig; ihre Welt stürzte in sich zusammen, sie kannten sich schließlich selbst nicht mehr.[12]

Zwar widerfährt Paule in *Les Mandarins* dieses Schicksal, aber ihre eigenen Leiden beschreibt Simone de Beauvoir von außen. In »Une Femme rompue«, der Titelgeschichte des Bandes, ersteht das Bild von Monique von innen und in Tagebuchform. Sie ist eine Frau, die ihr Leben der Aufgabe gewidmet hat, Ehemann und Familie ein glückliches Leben zu bereiten, die selbst aber sozusagen nur mittelbar gelebt hat und dann plötzlich feststellen muß, daß sie ohne die dasteht, die ihr früher eine Identität verliehen. Das Pathos ist so stark, daß es zum Teil Simone de Beauvoirs Absicht verwässert, die Mitschuld dieser Frau an ihrer Lage und ihre Selbsttäuschung aufzudecken. Monique gräbt sich vielleicht ihre eigene Falle, aber unser Mitgefühl übersteigt das, was de Beauvoir bewußt bewirken wollte – genau wie auch Simones eigene Gefühle stärker waren als die Kontrolle über die Identifikation mit ihrer Mutter.

Simone de Beauvoirs eigentliche Absichten zeigen sich deutlicher in der Geschichte mit dem Titel »Monolog«, weil ihre Antiheldin hier einen extremeren Fall darstellt. Simone verwendet die Technik des ungewollten Selbstbekenntnisses und zeigt so eine Frau, die bewußt die Augen vor ihrem eigenen Versagen und vor der Verantwortung für den Selbstmord ihrer Tochter verschließt. Um ihr Bild von sich selbst aufrechtzuerhalten, verdreht die Hauptfigur die Realität und hüllt sich in einen paranoiden Haß gegen die Außenwelt. Ihre Rechtfertigungsversuche führen schließlich nur dazu, daß der Leser sie verdammt.

»Das Alter der Vernunft«, die erste Geschichte dieses Bandes, beschreibt die Veränderungen in der Beziehung eines Intellektuellenpaares. Die beiden werden langsam alt und erleben das Alter unterschiedlich: Die Frau wehrt sich dagegen, der Mann nimmt es zu früh hin. Simone de Beauvoirs Heldin fühlt sich hier doppelt verraten – einerseits durch die wachsende Zaghaftigkeit ihres Mannes und andererseits durch die Entscheidung ihres Sohnes, Beamter für eine Regierung zu werden, die sie verachtet. Wie kann sie damit und mit dem Mißerfolg ihres letzten Werkes fertig werden? In dieser Geschichte liegt der Grundgedanke zu einer größeren Arbeit, die die vielfältigen Aspekte des letzten Lebensabschnittes behandelt hätte, aber Simone de Beauvoir begann nie damit. *Les belles Images* und *Une Femme rompue* waren ihre letzten fiktionalen Werke. Trotz der hohen Verkaufsziffern wurden sie vielfach kritisiert. Besonders die Feministinnen, die sich verraten fühlten, beschuldigten sie, kein positives Bild moderner Frauen geschaffen zu haben. Simone de Beauvoir beschreibt ein solches positives Bild nur in einer einzigen ihrer Schriften. Überraschenderweise findet es sich in ihrem Essay über Brigitte Bardot. Die Bardot verkörpert für de Beauvoir jene rätselhafte Nymphe, jene Kind-Frau, die selbst noch in einem Zeitalter, in dem sich die erwachsene Frau in der gleichen Sphäre bewegt wie der Mann, von einer Aura des Erotisch-Mysteriösen umgeben ist. Dieses Rätselhafte gehört jedoch nicht mehr zum traditionell passiven erotischen Objekt Frau, sondern wirkt eher selbst aggressiv. Nach de Beauvoirs Ansicht ist die Frau Jägerin und Beute gleichermaßen. Der Mann ist für sie genauso Objekt wie sie für ihn. BB ist eine unabhängige Frau, die nur ihren eigenen Neigungen folgt: Sie ißt, wenn sie Hunger hat, und gestaltet ihre Beziehungen zu Männern mit derselben Unkompliziertheit. Lust und Freude überzeugen sie mehr als Prinzipien und Konventionen. Sie macht, was ihr gefällt, und genau das ist das Verwirrende. Sie stellt keine Fragen, sondern gibt selbst Antworten, die in ihrer Offenheit ungemein attraktiv wirken. Moralische Fehltritte lassen sich korrigieren, aber wie könnte man BB wohl von ihrer Aufrichtigkeit heilen? Sie ist ihre erste Tugend.

BB ist für Simone de Beauvoir die jugendliche Verkörperung der existentialistischen »unabhängigen Frau«, und in ihrem fiktionalen Werk beschreibt sie nirgends eine ähnlich »positive« Heldin. Vielleicht ist das auch gar nicht nötig. In ihrer gewaltigen Autobiographie hatte de Beauvoir nämlich schon das für sie einzige und außergewöhnlichste weibliche Vorbild geschaffen: sich selbst.

8

Ein radikales Alter

Paradoxerweise waren Simone de Beauvoirs zwanzig letzte Lebensjahre ihre radikalsten. Ihre ungeheuerliche Energie blieb ihr weiterhin fast unvermindert erhalten, so daß sie sich ohne Rücksicht auf Verluste in Aktivitäten stürzen konnte, ganz wie man es von ihr gewöhnt war. Als sie schon über vierzig war, lernte sie noch voller Angst und Aufregung Autofahren. Von nun an berauschte sie sich immer wieder an der Erfahrung des Autofahrens, bei der Erinnerungen und Erwartungen zu einer fortdauernden Gegenwart verschmolzen. Auch das Lesen und das Reisen verloren nie ihre Faszination für sie. Sie hielt sich genauer und aufgeschlossener über die Entwicklungen des intellektuellen Lebens im Frankreich der sechziger Jahre auf dem laufenden als Sartre. Zu dieser Zeit löste der Strukturalismus den Existentialismus als vorherrschende Theorie ab. Simones Scharfblick war nach wie vor ungetrübt. Sie war bereit, die Fehler in ihrem bisherigen Denken – besonders was den Feminismus anbelangte – zuzugeben. Ihre Kritik am westlichen Kapitalismus und seinen entmenschlichenden Auswirkungen sowie am amerikanischen Imperialismus und Rassismus wurde immer leidenschaftlicher. Aber sie verurteilte auch gleichzeitig die Sowjetunion immer stärker, weil sie die Menschenrechte verletzte und die Tschechen mit Gewalt niederschlug, als diese versuchten, das Joch des Polizeistaates abzuschütteln und den demokratischen Sozialismus einzuführen. Trotz dieses wachsenden politischen Engagements in den letzten Jahren ihres Lebens weigerte sie sich strikt gegen bestimmte Dogmen, einseitige Vorschriften oder eine vorgegebene Parteilinie. Sie hatte sich immer schon gegen leeres Gerede gewehrt. Sie fühlte sich zuallererst ihrer eigenen Intelligenz gegenüber verantwortlich, egal, wie stark der Druck der unterschiedlichsten Gruppierungen auch wurde. Anders als bei den meisten von uns verschärfte sich ihre radikale Einstellung, je älter sie wurde.

Doch diesen letzten Jahren voll energischer und lautstarker Radikalität liegt eine gewisse Melancholie zugrunde. Die alten Freunde und Bekannten wurden langsam weniger. Sartres lange Pflege war schwierig und schmerzlich. Außerdem betrachtete Simone das Schreiben nun nicht mehr als privilegierte Form der Kommunikation. Sie hatte das Gefühl, daß viele junge Leute, die sie mit ihren Schriften besonders gern erreicht hätte, das Leben als sinnlos erachteten. Diese Feststellung verstärkte noch den Widerspruch, den sie und Sartre bereits Anfang der sechziger Jahre zwischen dem allumfassenden Anspruch des Intellektuellen und den Beschränkungen seiner individuellen Erfahrung entdeckt hatten. Ihr früherer Glaube an den Wert der westlichen Kultur und der Kultur im allgemeinen war erschüttert. Nichtsdestoweniger wollte sie noch immer das vermitteln, was in dieser Kultur weiterhin Gültigkeit hatte und den Menschen vielleicht dabei half, ihr Dasein zu meistern.

Das Leben Simone de Beauvoirs hatte sich immer in ihrer Arbeit niedergeschlagen. Auch im Alter war das nicht anders. Genauso wie die persönliche Erfahrung ihrer eigenen Weiblichkeit zu *Le deuxième Sexe* geführt hatte, war auch ihre umfangreiche Studie *La Vieillesse*

(Das Alter) die Folge der Erfahrung mit dem Altern. Dieses Buch bildet in vielerlei Hinsicht eine Parallele zu *Le deuxième Sexe.* Es war jedenfalls bei seinem Erscheinen im Jahre 1970 genauso heftig umstritten wie seinerzeit ihre bahnbrechende Untersuchung über die Frau.

Das Alter ist – wie Simone de Beauvoir schon früher für das Frausein festgestellt hat – eine kulturelle, nicht nur eine rein biologische Gegebenheit. Auch das Alter war bis dahin vor der Geschichte verhüllt worden. Die Mythen, die sich darum ranken, beschränken die Alten auf eine stille Ohnmacht, die vielleicht noch stärker als die der Frauen ist. De Beauvoir bedient sich aller ihr zur Verfügung stehenden Mittel – Medizin, Anthropologie, Geschichte, Literatur und Soziologie –, um das verschwörerische Schweigen zu brechen, das das Alter zum schändlichen Geheimnis gemacht hat. Sie schreibt voller Kraft, angetrieben von persönlicher Wut, und hält uns Lesern einen Zustand vor Augen, den wir zwar alle fürchten, der uns aber nichtsdestotrotz alle erwartet.

Im Alter, so schreibt sie, ist die Entfremdung von sich selbst am stärksten. »Es ist der andere in mir, der alt geworden ist, das heißt jener, der ich für die anderen bin: und dieser andere – bin ich.«[1] Die Alten lesen in den Augen der Welt ihre eigene Demütigung. Sie sind unproduktiv in einer Zeit, in der nur die Produktivität zählt, und haben keine Zukunft, durch deren Pläne sie sich definieren könnten. Sie sind machtlos und besitzen unabhängig von ihrem Alter als Individuen keine Gestalt. Doch sie sind unversehens in diese Lage hineingeraten. Das Alter ist für jeden deutlich zu sehen, gibt sich aber dem Betroffenen selbst kaum einmal zu erkennen: »Unsere persönliche Erfahrung hingegen zeigt uns die Zahl unserer Jahre nicht an. Keine körperliche Empfindung enthüllt uns die Regressionsvorgänge des Alterns.«[2] Die Alten sind Gefangene eines fremden Körpers, sie haben kein Anrecht auf einen aktiven Platz in der Gesellschaft, und ihr Leiden macht die Jungen nur ungeduldig.

Wie schon in *Le deuxième Sexe* begibt sich Simone de Beauvoir auch hier wieder auf tabuisiertes Gebiet und setzt sich mit der Sexualität der Alten auseinander. Der Körper, so stellt sie fest, mag verfallen, aber das sexuelle Verlangen bleibt trotzdem oft bestehen. Die Gesellschaft weigert sich, das anzuerkennen. Die Alten, die ihre Begierden offen zeigen, machen sich entweder zum Gespött der Leute oder gelten als pervers. Für die alte Frau gilt dies noch stärker als für den alten Mann. Unsere Kultur sieht keinen Raum für ihre Lust vor. Häufig kann sich die alte Frau ihrer Begierde nicht einmal bewußt werden, weil ihr die Ausdrucksmöglichkeiten fehlen. Sie wirkt auf sich selbst und auf andere verrückt.

Ohne Zukunftsaussichten und Gelegenheit, sich nützlich zu machen, wird den Alten in einer Gesellschaft, die sich auf Produktion und Profit gründet, sehr deutlich klar, daß sie überflüssig sind. Hier prangert de Beauvoir die kapitalistische Welt am heftigsten an.

Man macht uns weis, der Ruhestand wäre die Zeit der Freiheit und Muse; Dichter priesen einst »die Wonnen des Hafens«. Das sind schamlose Lügen. Die Gesellschaft zwingt der überwiegenden Mehrheit der Alten einen so erbärmlichen Lebensstandard auf, daß der Ausdruck »arm und alt« fast ein Pleonasmus ist; [...] Daß ein Mensch während der letzten 15 oder 20 Jahre seines Lebens nur noch Ausschuß ist, offenbart das Scheitern unserer Zivilisation. [...] Jene, die unser verstümmelndes System anprangern, müßten diesen Skandal aufdecken.[3]

Einige Jahre nach dem Erscheinen von *La Vieillesse* unternahm Simone de Beauvoir noch einen weiteren Schritt, um »diesen Skandal aufzudecken«. Sie schrieb das Drehbuch zu einem Film mit dem Titel *La Promenade des vieux,* der die Situation der Alten in Bilder faßte. Der Film wurde in einem staatlichen Altersheim gedreht, das in vielem einem Gefängnis ähnelte. Die erschreckenden Bilder von den Alten veranschaulichen eindringlich Simone de Beauvoirs Feststellung, daß eigentlich nicht der Tod selbst das Schreckliche ist, sondern das Alter und alle Ungerechtigkeiten, die es mit sich bringt.

Um die allgemeine Lage der Alten zu verbessern, müßten die grundlegenden Werte und Gesellschaftsstrukturen in der westlichen Welt radikal verändert werden. De Beauvoir schreibt:

Mit Sartre und Chruschtschow in Rußland 1963.

Wollen wir vermeiden, daß das Alter zu einer spöttischen Parodie unserer früheren Existenz wird, so gibt es nur eine einzige Lösung, nämlich weiterhin Ziele zu verfolgen, die unserem Leben einen Sinn verleihen: das hingebungsvolle Tätigsein für einzelne, für Gruppen oder für eine Sache, Sozialarbeit, politische, geistige oder schöpferische Arbeit.[4]

Wie Simone de Beauvoir selbst erklärte, gehörte sie zu den Privilegierten und konnte deshalb auch noch im Alter jene Ziele verfolgen, »die unserem Leben einen Sinn verleihen«. Der letzte Abschnitt ihres Lebens übertrifft in seiner Vorbildlichkeit noch ihre eigenen Schriften.

Sartre und sie bereisten weiterhin als Botschafter des Geistes alle möglichen Länder der Erde, deckten Ungerechtigkeiten auf und verschafften Problemen und ihren Ursachen in den verschiedenen internationalen Presseorganen Gehör. An vielen Orten, die sie besuchten, säumten bei ihrer Ankunft Menschenmengen die Straßen, und die Leute stritten sich bei ihren Vorträgen um die Plätze. Als Sartre 1964 den Nobelpreis für Literatur ablehnte – ein Schriftsteller sollte sich nicht zu einer Institution machen lassen und unabhängig bleiben –, wurde er nur noch berühmter. 1960 besuchten de Beauvoir und Sartre Brasilien, dessen linksgerichtete Regierung schon bald einem von den USA unterstützten Staatsstreich zum Opfer fallen sollte. Außerdem reisten sie nach Kuba, wo Castro sie empfing. 1963 fuhren sie in die Tschechoslowakei, 1966 nach Japan und in die Sowjetunion – wo möglicherweise aufgrund ihrer Intervention der internierte Dichter Joseph Brodsky begnadigt wurde. Im folgenden Jahr schlugen sie eine Einladung des Sowjetischen Schriftstellerverbandes aus, um so gegen die Verurteilung von Sinjawskij und Daniel zu protestieren. 1968 brachen sie schließlich wegen des Einmarsches der Russen in der Tschechoslowakei ganz mit der Sowjetunion.

In Stockholm 1967.

Als *Les Temps Modernes* eine Ausgabe über den israelisch-arabischen Konflikt plante, fuhren Sartre und Simone in den Nahen Osten, wo Simone besonders über den Status der Frau entsetzt war. Unter anderem hielt Simone in Kairo einen Vortrag über die Lage der Frau und beschuldigte die ägyptischen Männer, sich gegenüber den Frauen wie Feudalisten, Kolonialisten und Rassisten aufzuführen. Die Ungleichheit der Frau, so erklärten ihr die Männer, mit denen sie sich unterhielt, immer wieder, sei Teil des islamischen Glaubens. Als Präsident Nasser die Delegation empfing, erörterte Simone diese Frage auch mit ihm.

Nach ihrer Rückkehr nach Paris brach der Sechstagekrieg aus, und Simone verfiel in tiefste Besorgnis: »Ich hegte, aus ganz verschiedenen Gründen, für beide Länder freundschaftliche Gefühle: ...«[5] Im Gegensatz zu vielen ihrer jüngeren Freunde und Freundinnen, die während des Krieges die Vernichtung des jüdischen Volkes durch die Nazis nicht selbst miterlebt hatten, hegte sie starke Sympathien für den Staat Israel. Sie konnte nicht einsehen, daß man Israel als Kolonialmacht bezeichnete. Sie konnte den Staat auch nicht als Brükkenkopf des amerikanischen Imperialismus verstehen, weil die Vereinigten Staaten dort keine Militärstützpunkte unterhielten. Außerdem zogen sie keine Profite aus dem Land – wie das bei den arabischen Staaten der Fall war. Trotzdem wollte sie, daß Israel die besetzten Gebiete zurückgab und genauso entschlossen für den Frieden wie für den Sieg in diesem Krieg eintrat. Durch ihre beharrliche Weigerung, Israel offen zu verurteilen, handelte sie sich die Mißbilligung der radikalen Linken ein. Obwohl sie sich auf die Seite der neuen Linken stellte, richtete sie sich nicht einfach kritiklos nach der Parteilinie und unterwarf sich auch keinen moralischen Zwängen.

Ich bedauere, daß die nichtkommunistische Linke genauso monolithisch geworden ist wie die Kommunistische Partei. Ein »Linker« muß China bedingungslos bewundern, muß Partei ergreifen für Nigeria und Biafra, für die Palästinenser und gegen Israel. Solchen Bedingungen füge ich mich nicht. Das hindert mich aber nicht, mich mit der Linken auf einem Gebiet verbunden zu fühlen, das sie am unmittelbarsten angeht: ihre Aktivität auf innenpolitischem Gebiet.[6]

1967 fand das Russell-Tribunal gegen Kriegsverbrechen statt, vor dem sich die Amerikaner wegen ihrer Vergehen im Vietnamkrieg verantworten mußten. Sartre und de Beauvoir spielten eine wichtige Rolle in dem internationalen »Gerichtshof«. Bei seiner ersten Sitzung suchte das Tribunal nach einer Antwort auf zwei Fragen: 1. Hatten die Vereinigten Staaten sich der militärischen Aggression schuldig gemacht, wie sie das internationale Recht definierte? 2. Waren rein zivile Ziele bombardiert worden, und wenn ja, in welchem Ausmaß? Es wurden Berichte verlesen, Aussagen gemacht, und die Beweise waren schrecklicher und überwältigender, als Simone de Beauvoir es sich vorgestellt hatte. Bei der nächsten Zusammenkunft des Tribunals einige Monate später sahen sich Sartre und de Beauvoir durch das Ausmaß der von den Amerikanern verübten Greueltaten trotz ihres anfänglichen Zögerns gezwungen zuzustimmen, daß es »Versuche zur Ausrottung der Bevölkerung [gegeben hatte], die juristisch den Tatbestand des Völkermordes erfüllen«[7]. Das brutale Vorgehen der Amerikaner wurde durch Filmmaterial sowie die Aussagen ehemaliger amerikanischer Soldaten und vietnamesischer Opfer von Folterungen belegt.

In ihren letzten Lebensjahren wandte sich Simone de Beauvoir immer heftiger gegen die Politik der Vereinigten Staaten. In der letzten Zusammenfassung ihrer Ansichten in *Tout Compte fait* schreibt sie:

Simone de Beauvoir nimmt in Brüssel an der Weltkonferenz zur Befreiung der israelischen Gefangenen in Syrien teil.

Sobald eine nationalistische oder volkstümliche Bewegung ihre Interessen zu bedrohen scheint, beeilen sich die USA, sie zu unterdrücken. Millionen und aber Millionen Menschen leben in einem menschenunwürdigen Zustand, damit sie um so bequemer die Schätze der Dritten Welt plündern können. Die absurde Ungeheuerlichkeit dabei ist, daß – wie Nationalökonomen nachgewiesen haben – die von Amerika herausgepreßten Dollarmilliarden keineswegs dem Wohl des Volkes dienen: ... Die Regierung legt ihre riesigen Gewinne so ausschließlich in der Kriegsindustrie an, daß die wahnwitzige Ausbeutung des Planeten ihr vor allem die Möglichkeit garantieren wird, diesen selbst zu vernichten.[8]

Aber am stärksten beschäftigte Simone de Beauvoir die Situation innerhalb Frankreichs. Die Proteste der Studenten in Frankreich und ganz Europa gegen den Krieg der Amerikaner in Vietnam gingen Hand in Hand mit ihren Angriffen auf die hierarchische und autoritäre Struktur des Bildungssystems. Im Mai 1968 eskalierten diese ganzen Auseinandersetzungen in Frankreich in einem direkten Angriff auf den Staat selbst. Sartre und de Beauvoir waren als ehemalige Lehrer aufs beste mit den Mißständen im Bildungswesen vertraut. Deshalb standen sie auf der Seite der Studenten, die die Presse schon sehr bald als *enragées* – Hitzköpfe – bezeichnete.

Bereits 1964 war in *Les Temps Modernes* ein Artikel erschienen, der das Vorlesungssystem an den französischen Universitäten anprangerte und ein neues Verhältnis zwischen Hochschullehrern und Studenten forderte. 1965 brachte die Zeitschrift eine weitere Debatte zu dieser Frage heraus. Im März 1968 waren die Studentenproteste schließlich so weit fortgeschritten, daß der Leiter der Universität in Nanterre die Tore des Gebäudes schloß. Nun spitzte sich die Lage schnell und dramatisch zu, und am 6. Mai kam es dann zu direkten Auseinandersetzungen zwischen Studenten, die sich an der Rive Gauche hinter improvisierten Barrikaden verschanzten und Polizisten, die vorgingen wie »Bluthunde«. Die Brutalität der Polizei führte dazu, daß sich die Pariser Bevölkerung auf die Seite der Studenten schlug. Gewerkschaftsvertreter schlossen sich den Studenten an und forderten einen uneingeschränkten Streik und eine Demonstration gegen die Unterdrückung. Sartre befand sich zusammen mit dem Psychoanalytiker Jacques Lacan unter den Unterzeichnern eines Manifests, das sich mit den Studenten in dem Bestreben solidarisch erklärte, mit allen Mitteln dem entfremdeten Establishment zu entkommen.

Am Abend des 10. Mai, als dieses Manifest in *Le Monde* erschien, erreichten die Straßenschlachten ihren Höhepunkt. Am 12. Mai sagte Sartre in Radio Luxemburg, daß die Studenten völlig recht hatten, wenn sie nicht an einer Welt und Zukunft teilhaben wollten, die von ihren Vätern geschaffen wurden, jenen Männern also, die als Opfer eines geschlossenen Systems einfach nur blind gehorchten. Seine Erklärung wurde auf zahlreichen Handzetteln im Quartier Latin verteilt. Darin betonte er, daß der einzige Bezug der Studenten zur Universität in ihrem Wunsch lag, sie zu zerstören, und um das zu schaffen, mußten sie zuerst auf die Straße gehen. In einem Interview mit dem Studentenführer Daniel Cohn-Bendit, das in *Nouvel Observateur* erschien und dazu diente, Cohn-Bendits Position zu rechtfertigen, sprach sich Sartre ganz deutlich für die Fortführung der Bewegung aus, auch wenn die Sommerferien kurz bevorstanden. Außerdem unterstrich er noch einmal die Notwendigkeit der Zusammenarbeit zwischen Studenten und Arbeitern.

Sartre und de Beauvoir waren sich zwar wie die Studentenführer darüber im klaren, daß die Verbindung von Arbeitern und Studenten genau wie die Revolution selbst keine Sache von wenigen Tagen war, aber nichtsdestoweniger sahen sie in den Studentenunruhen eine Fortsetzung des revolutionären Diskurses. An die Stelle von

Armut und Besitz – die Hauptmotive früherer Revolutionen – waren nun die Auflehnung gegen Machtsysteme und die Forderung nach Selbstbestimmung und Unabhängigkeit getreten. In *Tout Compte fait* schreibt Simone de Beauvoir:

> Die Verfechter der Ordnung haben in den Mai-Ereignissen nur einen jugendlich-romantischen Ausbruch sehen wollen: in Wirklichkeit aber handelte es sich um eine Krise der Gesellschaft und nicht um die Krise einer Generation. Bei den Studenten, die immer zahlreicher geworden waren und die keinerlei hoffnungsvolle Perspektiven vor sich sahen, hatten die Widersprüche des Neokapitalismus zur Explosion geführt, aber diese Explosion beleuchtete das ganze System und ging unmittelbar das Proletariat an.[9]

Simone de Beauvoirs und Jean-Paul Sartres Solidarität mit der Jugendbewegung hörte nicht bei den Ereignissen im Mai auf. Sie wurden beide zu nominellen Herausgebern von linksgerichteten Zeitungen – Sartre von *La Cause du Peuple,* Simone von *L'Idiot International* –, um zu verhindern, daß die Regierung diese »subversiven« Schriften verbot. Ihre Funktion als Herausgeber lenkte die Aufmerksamkeit auch der internationalen Öffentlichkeit auf die Einschränkung der Freiheit, die ein solches Verbot bedeutet hätte. Der Fall von *La Cause du Peuple* ist der allgemein bekanntere. Diese Zeitung wurde von der maoistischen *Gauche prolétarienne* geleitet, und die Herausgeber waren im April 1970 verhaftet worden – abgesehen von der Zeit der Besatzung war das die erste solche Verhaftung in Frankreich seit 1881. Sartre distanzierte sich zwar von etlichen Positionen der Gruppe, besonders von ihrer Selbsteinschätzung als Partei der »Résistance« in einem vom Bürgertum besetzten Frankreich, aber er übernahm nach außen hin die Herausgeberschaft. Eigentlich wäre deshalb umgehend mit seiner Verhaftung zu rechnen gewesen. Da das nicht geschah, mußte man natürlich schließen, daß auch die früheren Herausgeber der Zeitung unschuldig waren und deshalb aus dem Gefängnis entlassen werden mußten. Sartres Forderung nach ihrer Freilassung fand kein Gehör: Die *Gauche prolétarienne* war verboten und die Herausgeber völlig legal verurteilt worden. Um die Aufmerksamkeit auf diese Ungerechtigkeit zu lenken, gaben Sartre und de Beauvoir Pressekonferenzen, in denen sie gegen die Konfiszierung einer »rechtmäßigen« Zeitung, gegen die Gewalttätigkeit, mit der die Polizei gegen die Drucker dieses Blattes vorging, und gegen die Belästigung seiner Verteiler protestierten. Zusammen mit einer Gruppe

De Beauvoir und Sartre verteilen 1970
auf der Straße die Zeitschrift »La Cause du Peuple«.

anderer berühmter Persönlichkeiten gingen sie auf die Straße, verteilten die Zeitung und riefen: »Lest *La Cause du Peuple*. Für die Freiheit der Presse.«[10] Weil der Skandal zu groß gewesen wäre, wurden sie zwar nicht verhaftet, dafür aber in einen Polizeiwagen getrieben, um ihre Identität zu überprüfen. Ihr besonderer Status verhinderte die Verhaftung anderer und entlarvte die Widersprüchlichkeit des Vorgehens in der Regierung. Andere Aktionen hatten ähnliche Repressalien der Behörden zur Folge.

In dieser Zeit unterstützten de Beauvoir und Sartre auch noch andere Forderungen der Linken. Darunter befand sich der berühmte Fall der Brandstifter, die angeblich Molotowcocktails in das Büro eines Bergwerksleiters geworfen hatten. In dem Werk waren kurz davor bei einer Explosion sechzehn Bergarbeiter gestorben. Die Polizei trieb daraufhin kurzerhand vier Maoisten und zwei Verbrecher zusammen und legte ihnen den Bombenanschlag zur Last. Parallel zu der Verhandlung gegen sie führte Sartre den Vorsitz bei einem Tribunal. Dieses Tribunal klagte die örtlichen Behörden und den »Staat als Arbeitgeber« wegen des Unfalles an, bei dem die sechzehn Bergleute umgekommen waren. Es prangerte außerdem das ausbeuterische Produktionssystem an, das die Bergleute dazu trieb, nötige Sicherheitsmaßnahmen zu mißachten. Wie ein Zeuge vor dem Tribunal es ausdrückte: »›Wenn du an deine Sicherheit denkst‹, ... , ›kriegen deine Kinder nie Fleisch zu essen.‹«[11]

Etwa zur gleichen Zeit verfaßte de Beauvoir eine Schrift, in der sie auf einen angeblichen Unfall in einer Fabrik aufmerksam machte, wo gasförmige Substanzen zur Verwendung in Insektiziden und Kosmetika abgepackt wurden. Bei einer besonders heftigen Explosion waren dort drei Arbeiterinnen aus der überwiegend weiblichen Belegschaft getötet und alle anderen mit bleibenden Folgen verletzt oder entstellt worden. Simone de Beauvoirs Artikel deckte auf, daß Sicherheitsinspektoren, Ärzte und Gerichte mit den Arbeitgebern unter einer Decke steckten, so daß diese sich nicht für Bedingungen verantworten mußten, durch die sie sich letzt-

Auf dem Weg zur Polizei,
wo sie wegen der Verteilung vernommen werden.

lich zu Mördern machten. »In 80 Prozent aller französischen Betriebe wird die Sicherheit dem Profit geopfert, und die Arbeiter tragen Tag für Tag ihre Haut zu Markte.«[12]

Diese politischen Nachforschungen machten Simone klar, wie wichtig die Existenz der verfolgten linksgerichteten Presse war: »...nirgendwo sonst gibt man sich damit ab, detailliert und aufrichtig über die Lage der Werktätigen, über ihr Alltagsleben und über ihre Kämpfe zu berichten. Die gauchistischen Zeitungen versuchen die Arbeiter über das zu informieren, was innerhalb ihrer eigenen Klasse geschieht und was die bürgerliche Presse verschweigt oder verschleiert.«[13]

Simone hegte zwar in jener Zeit Sympathien für die Maoisten in Frankreich und stimmte ihnen in gewissen Punkten zu, aber sie setzte kein blindes Vertrauen in China oder eine bevorstehende Revolution. Anders als die traditionelle Linke verneinten die Maoisten das bestehende System aus vollem Herzen. Sie legten ihr Hauptaugenmerk auf jene »frischen Kräfte«, um die sich die Gewerkschaften kaum kümmerten – auf die jungen Menschen, die Frauen, die Ausländer und die nicht organisierten Arbeiter. Und sie riefen sie zum Handeln auf. In *Tout Compte fait* schreibt de Beauvoir: »Ich möchte lieber versuchen, den jungen Leuten bei ihrem Kampf zur Seite zu stehen, als passive Zeugin einer Verzweiflung sein, die schon manchen auf schreckliche Weise in den Tod getrieben hat.«[14]

In gewisser Hinsicht spiegelt Sartres und de Beauvoirs Bund mit der Jugend Simones Auffassung vom Alter als absurder Parodie des früheren Lebens wider. Die zahlreichen Fotos, auf denen Simone und ein kränkelnder Sartre mitten unter jungen Demonstranten oder beim Verkauf von Zeitungen an Straßenecken zu sehen sind, wirken manchmal ein wenig lächerlich und pathetisch.

Sartre und de Beauvoir machten nun nicht mehr selbst als Mittelpunkt des Geschehens Geschichte, sondern waren nur noch berühmte Namen, die den Blick der Öffentlichkeit auf die unterschiedlichsten Belange lenken und vor den Kameras posieren sollten. Diese Entwicklung scheint auf traurige Weise unausweichlich, doch insgesamt betrachtet ist ihre Bereitschaft zur Auseinandersetzung mit der Jugend und ihre Offenheit gegenüber Veränderungen bewundernswert.

Im weiteren Verlauf der siebziger Jahre verlor die revolutionäre Linke in Frankreich an Schwung. Doch eine andere Bewegung gewann immer mehr an Einfluß, mit der Simone de Beauvoir sich solidarisierte: der Feminismus. Und hier wirkt sie keineswegs fehl am Platze. *Le deuxième Sexe* wurde zu einer Art Ausgangspunkt für die Frauenbewegung, die Entwicklung des modernen Feminismus und seine Beschäftigung mit der Lage der Frau.

Zu der Zeit, als Simone de Beauvoir *Le deuxième Sexe* schrieb, war sie jedoch laut eigener Aussage keine Feministin. Das Buch ist nicht militant. Es ruft die Frauen auch nicht auf grundlegende Weise zur Solidarität auf. Nach dem Zweiten Weltkrieg hatte de Beauvoir das Gefühl, daß sich in der Situation der Frau bereits vieles zum Besseren hin verändert hatte und daß sich ihre Lage gemeinsam mit der Gesellschaft als Ganzer weiterentwickeln würde. Auch als sie in *La Force des choses* ihren Wunsch ausdrückte, dem Buch eine materialistische Grundlage gegeben und die Ablehnung und Unterdrückung des »anderen« wirtschaftlich erklärt zu haben, war sie noch keine Feministin. Vielmehr hatte sie sich politisch weiter nach links orientiert. Die Lage der Frau hing ihrer Meinung nach von der Zukunft der Arbeit auf der Welt ab und würde sich nicht ändern, »›es sei denn um den Preis einer Umwälzung der Produktionsverhältnisse‹«.[15] 1970 war ihre Position dann schließlich um etliches radikaler: »Heute verstehe ich unter Feminismus, daß man für die speziellen Forderungen der Frauen kämpft – parallel zum Klassenkampf – und bezeichne mich selbst als Feministin.«[16]

In einem Interview mit der Journalistin Alice Schwarzer, das 1972 in *Nouvel Observateur* erschien, erklärt Simone de Beauvoir ihre veränderte gedankliche und gefühlsmäßige Einstellung:

> ... in den letzten zwanzig Jahren [hat sich] die Situation der Frau nicht wirklich geändert [...]. In Frankreich zum Beispiel hat sie ein paar kleine Dinge erreicht, in bezug auf die Heirat und die Scheidung. Auch die Verhütungsmittel sind ein wenig mehr verbreitet – aber nicht in ausreichendem Maße, denn nur sieben Prozent der Französinnen nehmen die Pille. Auf jeden Fall aber sind die Frauen auf Arbeiten beschränkt wie Sekretärinnen oder Krankenschwestern und sehr selten Chef eines Unternehmens oder Arzt. Die interessantesten Karrieren sind ihnen verstellt, und innerhalb der einzelnen Berufe haben die Männer wiederum eine Sperre gegen sie aufgerichtet.[17]

Simone de Beauvoir betont weiterhin, daß sie nicht mit den reformistischen und legalistischen Frauenbewegungen in Verbindung gebracht werden wollte, die vor 1970 existierten.

Aber der neue Feminismus, die MLF (Mouvement de Libération des Femmes) war radikal und nahm die Herausforderung des Jahres 1968 an, das Leben heute zu ändern und nicht an die Zukunft zu denken. Simone meint weiterhin: »Wir müssen also für die konkrete Situation der Frau kämpfen, bevor der erträumte Sozialismus kommt. Außerdem habe ich eingesehen, daß selbst in den sozialistischen Ländern die Gleichberechtigung zwischen Mann und Frau nicht eingetreten ist. [...] Es ist also unbedingt notwendig, daß die Frauen selbst ihr Schicksal in die Hand nehmen.«[18]

Beim Kongreß französischer Feministinnen in Vincennes 1973.

Dieses Interview, das in zahlreiche Sprachen übersetzt wurde, gewann an Bedeutung, weil es genau zu jenem Zeitpunkt erschien, als die Frauen die Unabhängigkeit ihrer Forderungen von denen der verschiedenen linken Bewegungen formulierten, in denen sie mitgearbeitet hatten. Simone de Beauvoirs Betonung der Tatsache, daß eine gesellschaftliche Revolution nicht zwangsläufig die Lage der Frau verändern würde und daß sogar innerhalb der linken Gruppierungen Frankreichs eine grundlegende Ungleichheit zwischen Mann und Frau herrschte, bestätigte die Gefühle und Erfahrungen vieler Frauen.

Simones neuer militanter Feminismus nahm 1970 konkrete Gestalt an. Als eine Gruppe der MLF, die für die Legalisierung der Abtreibung in Frankreich eintrat, auf de Beauvoir zukam, erklärte sie sich bereit, ein Manifest zu unterzeichnen, das verkündete: »Ich habe abgetrieben, und ich fordere dieses Recht für alle Frauen.« Das »Manifest der 343«, wie es später heißen sollte – manche, aber nicht alle Unterzeichnerinnen waren berühmt –, erschien im Frühjahr 1971 in *Nouvel Observateur.* Diese Geste der Solidarität bedeutete einen Neuanfang für Simone. Von diesem Zeitpunkt an demonstrierte sie für die freie Entscheidung über Mutterschaft, für Geburtenkontrolle und Abtreibung und gegen Verbrechen wider die Frau. Sie unterstützte zahllose Aktivitäten mit ihrem Namen und stellte ihre Wohnung für die ersten »feministischen« Abtreibungen zur Verfügung. Sie traf sich regelmäßig mit einer Gruppe von Feministinnen, und obwohl sie nie die für sie so typische Förmlichkeit und Höflichkeit aufgab, nahm sie doch mit Freude und Begeisterung teil. Sie las feministische Literatur aus der ganzen Welt und führte einen regelmäßigen Briefwechsel mit Feministinnen in vielen Ländern. 1974 regte sie die Gründung der »Liga für Frauenrechte«

an, der sie viele Jahre vorstand. *Les Temps Modernes* widmete der Frauenfrage auf ihre Anregung hin eine Sondernummer und führte ab 1973 einen Sonderteil mit dem Titel »Le sexisme quotidien« – Sexismus im Alltag.

Manche Gedanken Simone de Beauvoirs nahmen aufgrund der Frauenbewegung neue Gestalt an, andere blieben unverändert. Sie bestand weiterhin darauf, daß der Mann bei der Emanzipation der Frau eine Rolle spielen mußte, und bekämpfte jeglichen Separatismus, der die Frauen in ein »weibliches Ghetto« verbannt hätte. Sie hegte nach wie vor äußerst heftige Gefühle gegenüber der Versklavung, die die Mutterschaft für sie bedeutete, sowie gegenüber der Mystifizierung dieser Mutterschaft durch den Mann und den Staat, die die Frau in die Abhängigkeit locken wollten.

Simone blieb bis zu ihrem Tode bei ihrer Grundaussage aus *Le deuxième Sexe:* Man kommt nicht als Frau zur Welt, sondern wird erst zu ihr. Sie wehrte sich gegen die feministische Richtung, die spezifisch weibliche Eigenschaften und Werte oder eine spezifisch weibliche Lebensart postulierte. Denn das hätte bedeutet, von einem ganz eigenen weiblichen Wesen auszugehen, sich also mit einem Mythos einverstanden zu erklären, den die Männer ersonnen hatten, um die Frauen zu unterdrücken. Es ist nicht die Aufgabe der Frau, sich als Frau zu bestätigen, sondern zu einem vollwertigen Menschen zu werden.

Das bedeutet weiterhin, daß es für die Frau keinen Sinn hat, die gesamte Kultur abzulehnen, nur weil sie männlich ist, sondern daß sie sich lieber die Leistungen der Männer zunutze machen soll.

Alle Positionen, die in irgendeiner Weise auf das ewig Weibliche hindeuteten, waren für Simone de Beauvoir ein Greuel. In einem Interview mit Alice Schwarzer aus dem Jahre 1976 meinte Simone dazu:

Einerseits ist es richtig, daß Frauen sich nicht mehr ihres Körpers schämen, nicht ihrer Schwangerschaft und ihrer Periode. Richtig, daß sie ihren Körper kennenlernen, zum Beispiel in den »self help«-Gruppen, die ich ausgezeichnet finde. All das ist sehr gut. Aber man darf keinen Wert an sich daraus machen, nicht glauben, der weibliche Körper verleihe einem eine neue Vision der Welt. Das ist lächerlich und absurd. Das hieße einen Gegen-Penis daraus machen. Frauen, die das glauben, fallen ins Irrationale, ins Mystische, ins Kosmische zurück. Sie spielen das Spiel der Männer – denn so wird man sie besser unterdrücken, besser von Wissen und Macht fernhalten können. Das Ewig Weibliche ist eine Lüge, denn die Natur spielt bei der Entwicklung eines Menschen eine sehr geringe Rolle, wir sind soziale Wesen. Außerdem: Da ich nicht denke, daß die Frau von Natur aus dem Manne unterlegen ist, denke ich auch nicht, daß sie ihm von Natur aus überlegen ist.[19]

Simone de Beauvoir betont den rationalen und gesellschaftlichen Aspekt. Doch mit ihrem kritischen Scharfblick, mit dem sie sich selbst genauso betrachtete wie die Welt, stand sie bis zu ihrem Lebensende neuen Bewegungen gesellschaftlicher wie geistiger Art sogar noch aufgeschlossener gegenüber als Sartre, der bis zuletzt dem Alter trotzte. Sie las die Schriften der Strukturalisten, die nun die Existentialisten als Vordenker Frankreichs abgelöst hatten. 1976, mit achtundsechzig Jahren, bemerkte Simone, daß sie gerne noch eine neue Untersuchung der Psychoanalyse aus feministischer Sicht beginnen würde. Sie sagte auch, daß sie ihre eigene Sexualität, die sie nun nicht nur als persönliche, sondern auch als politische Frage betrachtete, viel offener beschriebe, wenn sie ihre Autobiographie noch einmal verfassen würde.

Simone de Beauvoir diskutierte in jenen Jahren unermüdlich mit Frauen, die sie als Doyenne dieser neuen Welle des Feminismus sahen, und sie beantwortete persönlich zahllose Briefe von Frauen aus aller Welt. Sie spielte in mehreren Filmen mit und gab viele Interviews,

In Rom 1978.

damit die Öffentlichkeit sie besser kennenlernen konnte und um einer Sache Gehör zu verschaffen, die ihr sehr am Herzen lag. In Kanada und den Vereinigten Staaten entstanden Beauvoir-Zentren für Frauenstudien, und in Paris wurde das Centre Audiovisuel Simone de Beauvoir gegründet. Zusammen mit Sylvie Le Bon reiste de Beauvoir nach Amerika und verbrachte einige Tage auf der Farm der Feministin Kate Millett, wo dann ein Filminterview mit ihnen gemacht wurde. Sie wurde zur Vorsitzenden eines Regierungsausschusses zur Frage Frauen und

Simone und Hélène de Beauvoir im Februar 1986.

Kultur ernannt und traf sich zusammen mit anderen Feministinnen regelmäßig mit dem Minister für Frauenrechte in der Regierung Mitterand.

Während Simones Gesundheit es ihr die ganze Zeit hindurch erlaubte, mit voller Kraft zu arbeiten, verschlechterte sich die Sartres von 1970 an dramatisch. Das Zeugnis, das Simone in *La Cérémonie des adieux (Die Zeremonie des Abschieds und Gespräche mit Jean-Paul Sartre)* davon gibt, läßt vermutlich darauf schließen, daß Sartres Alter ihr fast mehr zu schaffen machte als ihr eigenes. Ab

1970, als *La Vieillesse* erschien, konzentrierte sich Simones Leben die ganze Zeit, während sie den letzten Band ihrer 1972 erschienenen Memoiren schrieb, bis zu Sartres Tod 1980 auf die Pflege eines dahinsiechenden Sartre. Sie organisierte und dirigierte in jenen letzten Jahren von Sartres Krankheit und Erblinden das Gefolge der Leute, die sich um ihn kümmerten. Darunter befanden sich langjährige Freundinnen, seine Adoptivtochter und Erbin Arlette El Kaïm und Benny Lévy – der Mensch, an dem die lebenslange Beziehung zwischen Sartre und Simone beinahe scheiterte. Jede Woche verbrachte Sartre zwei Nächte bei Arlette und die übrigen bei Simone. Am Morgen arbeitete er zusammen mit Lévy und die meisten Nachmittage zusammen mit Simone in seiner Wohnung. Es war alles so arrangiert, daß Sartre trotz seiner nachlassenden Kräfte seine Selbstachtung nicht verlieren mußte.

Die Geschichte um Benny Lévy ist umstritten. Aus Simone de Beauvoirs Sicht hatte dieser junge, hyperintelligente, aber skrupellose Maoist, der in seinem Denken dann schließlich zu einem mystischen Judaismus gelangte, den kränkelnden Sartre allein aufgrund seines brillanten Verstandes und seiner jugendlich-temperamentvollen Argumentation für sich gewonnen. Und dann hatte er ihn praktisch zur Aufgabe seines gesamten früheren Denkens verleitet. Der alte und der junge Philosoph arbeiteten gemeinsam an einem Buch über Macht und Freiheit, für das ihre Gespräche die Grundlage bilden sollten. Kurz vor Sartres Tod erschien ein solches Gespräch in *Nouvel Observateur*. Simone, die sich bereits wegen einer früheren, unveröffentlichten Schrift mit Lévy überworfen hatte und weil er das ganze Team von *Les Temps Modernes* als verknöchert betrachtete und auch so behandelte, bekam den Artikel vor seinem Erscheinen zu Gesicht. Sie war entsetzt. Dieser Artikel hatte nichts mehr mit dem gemeinschaftlichen Denken zu tun, von dem Sartre gesprochen hatte. Benny Lévy gab keinen seiner Gedanken unmittelbar wieder, sondern führte sich wie ein Vermittler auf. Der Ton, in dem er mit Sartre sprach, und seine arrogante Überheblichkeit stieß alle Freunde ab, die das Dokument vor der Veröffentlichung zu sehen bekamen.

Als Sartre die Veröffentlichung gegen ihr Anraten gestattete, fühlte Simone sich verraten.

Simone war bereit zu verstehen, daß Lévy Sartre etwas anderes bedeutete als ihr. Der sterbende Sartre, der den Blick immer auf die Zukunft gerichtet hatte, sah in Lévy den neuen Intellektuellen seiner Träume. In gewisser Hinsicht war Lévy auch die lebende Fortsetzung seiner selbst. Und auf praktischerer Ebene lieferte er ihm jene regelmäßige geistige Anregung, die ihm keiner seiner älteren Mitarbeiter mehr bieten konnte, weil sie alle zu sehr mit ihrem eigenen Leben beschäftigt waren.

Zweifellos ärgerte sich Simone darüber, daß jemand einen größeren Einfluß auf Sartre ausübte als sie selbst. Aber sie war auch traurig, daß diese Beziehung eine tiefere Kluft zwischen ihnen schuf, als das früher je der Fall gewesen war. Simone hatte sich sogar mit der schmerzlichen Tatsache abgefunden, daß Sartre seine ehemalige junge Geliebte Arlette El Kaïm adoptierte und an Simones Stelle als Verwalterin seines literarischen Nachlasses einsetzte. Möglicherweise hatte diese Entscheidung Sartres Simone selbst dazu veranlaßt, Sylvie Le Bon offiziell zu adoptieren. Aber bei Benny Lévy war kein Nachsehen mehr möglich. Der Generationenkonflikt hatte Simones Stellung nachhaltiger erschüttert als alle Auseinandersetzungen um die Liebe.

1976, bei den ersten Zerwürfnissen wegen Lévy, sprach Sartre von stummen Abendessen mit seinen »strengen Musen« Sylvie und Simone. Man hat das Gefühl, daß Simone durch die Aufnahme der Gespräche mit Sartre aus dem Jahre 1974 und ihre Veröffentlichung als Teil von *La Cérémonie des adieux* versuchte, von neuem den »wahren«, lebenden Sartre zu beschwören, dem sein eigenes Werk und Simones Autobiographie ein Denkmal gesetzt hatten.

Trotz dieses letzten Mißverständnisses zwischen den beiden ist Simone de Beauvoirs *La Cérémonie des adieux* zusammen mit *Une Mort très douce* ihr bewegendstes Buch. Sie beschreibt den demütigenden Verfall darin fast schon zu aufrichtig. Simone hatte ihren lebenslangen Gefährten verloren. Sie schreibt über ihr Buch, daß es das erste sei, das Sartre nicht gelesen habe, bevor es veröffentlicht wurde. Es sei ihm ganz und gar gewidmet, ohne daß es ihn noch berühren könne.

Trotz ihrer beeindruckenden Aktivität in den folgenden sechs Jahren, trotz der zahlreichen Reisen, Interviews und Aufgaben als Herausgeberin sowie der Vorbereitung von Sartres *Lettres au Castor et à quelques autres (Briefe an Simone de Beauvoir und andere)* schrieb sie selbst keine Bücher mehr. Der Tod war schon seit vielen Jahren ihr Thema gewesen. Und in diesem vorbildlichsten aller Leben war er ganz natürlich auch ihr letztes.

Eines der letzten Fotos zeigt Simone bei der Einweihung des ›Centre audiovisuelle Simone de Beauvoir‹ im Jahre 1986.

Simone de Beauvoir starb am 14. April 1986 in Paris.

ANHANG

Zeittafel

1908 Simone Lucie Ernestine Marie Bertrand de Beauvoir wird am 9. Januar als Tochter von Françoise (Brasseur) de Beauvoir und Georges de Beauvoir geboren.

1910 Simones einzige Schwester Hélène, die den Spitznamen Poupette erhält, kommt zur Welt.

1913 Simone beginnt ihre Schullaufbahn am katholischen Cours Désir, wo sie bis zum *baccalauréat* bleibt.

1919 Die finanzielle Lage der Familie, die sich ständig verschlechtert, zwingt die de Beauvoirs, in eine billigere Wohnung an der Rue de Rennes 71 umzuziehen.

1922 Simone verliert den Glauben an Gott und wird sich darüber bewußt, daß sie nun »zum Tode verdammt« ist.

1924 Sie schließt den ersten Abschnitt des *baccalauréat* ab.

1925/1926 Sie beendet den zweiten Abschnitt der Abschlußprüfungen in Philosophie und Mathematik.

1927 Sie erhält ihre *licence* und ein Diplom in Philosophie.

1928 Simone beginnt ihre Studien zur *agrégation* in Philosophie an der Sorbonne und der Ecole Normale Supérieure.

1929 Sie besteht den schriftlichen Teil der *agrégation*. Im Juli lernt sie Jean-Paul Sartre an der Ecole Normale kennen. Sie bereiten sich gemeinsam auf die mündliche Prüfung vor und erreichen Spitzenergebnisse. Im November beginnt Sartre seinen Militärdienst. Simone fängt an zu schreiben und gibt stundenweise Unterricht.

1931 Simone wird als Lehrerin nach Marseille berufen; Sartre nach Le Havre.

1932 Sie bringt ihren ersten (unveröffentlichten) Roman zum Abschluß und erhält eine neue Stellung in Rouen.

1933 Simone fährt mit Sartre nach London. Das Dreiecksverhältnis mit Olga Kosakiewicz beginnt.

1934 Simone besucht Sartre in Berlin.

1936 Sie beginnt, im Lycée Molière in Paris zu unterrichten und zieht ins Hotel Royal-Bretagne in der Rue de la Gaîté um.

1937 Zwei Verlage lehnen Simones *Quand prime le Spirituel (Marcelle, Chantal, Lisa...)* ab, das vierzig Jahre später dann doch noch von Gallimard, einem dieser beiden Häuser, veröffentlicht wird.
Simone beginnt mit der Arbeit an *L'Invitée (Sie kam und blieb)*.

1938 Sartres *La Nausée (Der Ekel)*, das Simone dem »Biber« gewidmet ist, erscheint.

1939 Der Krieg wird erklärt, und Sartre wird in die Armee eingezogen.
Vom 1. September an führt Simone ein Tagebuch, von dem Auszüge in *La Force des choses (Der Lauf der Dinge)* erscheinen.

1940 Simone flüchtet angesichts der Besetzung durch die Nazis aus Paris, kehrt aber bald schon zurück. Sartre wird in einem deutschen Kriegsgefangenenlager interniert.

1941 Sartre kommt nach Paris zurück und gründet die Résistance-Gruppe »Socialisme et Liberté«. Im Juli stirbt Simones Vater.

1943 Der Existentialismus entsteht. Simone schreibt »Pyrrhus et Cinéas« (»Pyrrhus und Cineas«). Im August erscheint *L'Invitée (Sie kam und blieb)*. Simone beendet *Le Sang des autres (Das Blut der anderen)* und beginnt ihren dritten Roman mit dem Titel *Tous les Hommes sont mortels (Alle Menschen sind sterblich)*.

1944 Paris wird befreit. Simone wird Gründungsmitglied von *Les Temps Modernes.*

1945 Im September erscheint *Le Sang des autres.*
Simones einziges Stück – *Les Bouches inutiles* – wird nach etwa fünfzig Aufführungen abgesetzt.

1946 Im November kommt *Tous les Hommes sont mortels* heraus.

1947 »Pour une Morale de l'ambiguïté« (»Für eine Moral der Doppelsinnigkeit«) erscheint in *Les Temps Modernes.*
Simone besucht vom 27. Januar bis 20. Mai die USA. Sie lernt Nelson Algren im Februar kennen. Sie beginnt mit der Arbeit an *Le deuxième Sexe (Das andere Geschlecht).*

1948 *L'Amérique au jour le jour (Amerika – Tag und Nacht)* kommt im Juli heraus.
Auszüge aus *Le deuxième Sexe* werden in *Les Temps Modernes* abgedruckt.

1949 Nelson Algren kommt im Juni nach Paris.
Le deuxième Sexe erscheint im Juni und November in zwei Bänden und löst heftige Reaktionen aus.
Simone beginnt mit der Arbeit an *Les Mandarins (Die Mandarins von Paris).*

1950 Im August fährt sie nach Amerika und verbringt zwei Monate mit Algren.

1951 Die Affäre mit Algren ist vorbei.

1952 Aus Simones Brust wird eine Geschwulst entfernt, die gutartig ist.
Sie beginnt ein Verhältnis mit Claude Lanzmann; sie beschließen zusammenzuleben.

1953 *Le deuxième Sexe* kommt in den USA heraus.

1954 *Les Mandarins* erscheint im Oktober und erhält den begehrten Prix Goncourt.

1955 Sie fährt zusammen mit Sartre nach China und verbringt auf der Rückreise eine Woche in Moskau. *Privilèges* erscheint.

1957 *La longue Marche (China – das weitgesteckte Ziel)* kommt heraus.
Simone setzt sich für die algerische Unabhängigkeit ein.

1958 Sartres Gesundheit läßt allmählich nach.
Im Oktober erscheint *Mémoires d'une jeune fille rangée (Memoiren einer Tochter aus gutem Hause)* und wird ausgezeichnet besprochen.
Simone und Lanzmann trennen sich.

1959 Simone setzt sich weiterhin mit aller Kraft für die algerische Unabhängigkeit ein.
»Brigitte Bardot and the Lolita Syndrome« (»Brigitte Bardot – ein Symptom«) erscheint in *Esquire.*
Simone schreibt ein Vorwort zu einem Buch über Familienplanung.

1960 Sie reist zusammen mit Sartre nach Kuba und lernt Castro kennen.
Simone führt eine Kampagne zugunsten von Djamila Boupacha, einer Algerierin, die von den Franzosen gefoltert wurde.
Sie fährt mit Sartre nach Brasilien.
Der zweite Band von de Beauvoirs Autobiographie mit dem Titel *La Force de l'âge (In den besten Jahren)* kommt im November heraus.

1961 Wegen seiner Aktivitäten gegen die Kolonialherrschaft in Algerien erhält Sartre Morddrohungen. Auf seine Wohnung wird ein Bombenanschlag ausgeübt. Simone und er ziehen mehrmals um, um weiteren Angriffen zu entgehen.

1962 Simone erhält an dem Tag, als das Buch über Djamila Boupacha erscheint, eine Morddrohung. Am 18. März ist der Krieg in Algerien zu Ende.

1963 Im Oktober kommt *La Force des choses (Der Lauf der Dinge)* heraus.

Im November stirbt Simones Mutter. Simone beginnt mit *Une Mort très douce (Ein sanfter Tod),* das im Herbst 1964 erscheint.

1964 Simone schreibt ein Vorwort zu *La Bâtarde (Die Bastardin),* einem Werk Violette Leducs.

1965 Sie fährt mit Sartre wieder in die Sowjetunion.

Simone hat einen Autounfall und bricht sich mehrere Rippen.

Sie beginnt mit *Les belles Images (Die Welt der schönen Bilder).*

1966 Simone reist nach Moskau und im Herbst nach Japan, wo sie und Sartre von einer begeisterten Menschenmenge empfangen werden.

1967 Sie bereist den Nahen Osten.

Simone nimmt am Russell-Tribunal gegen die Kriegsverbrechen in Vietnam teil.

1968 *La Femme rompue (Eine gebrochene Frau)* erscheint.

Während der Maiunruhen unterstützen Sartre und Simone die Studenten.

1970 *La Vieillesse (Das Alter)* kommt heraus.

Simone nimmt an einer Demonstration der Frauenbewegung für das Recht auf Abtreibung und Verhütungsmittel teil.

1971 Sie unterzeichnet das »Manifest der 343« und bekennt sich so zu einer illegalen Abtreibung.

1972 Der letzte Band ihrer Autobiographie mit dem Titel *Tout Compte fait (Alles in allem)* kommt im September heraus.
Sie wirkt an einem Filmporträt über Sartre – *Sartre par lui-même* – mit.

1973 Unter Simones Leitung führt *Les Temps Modernes* eine neue Rubrik ein, in der die Leser aufgefordert werden, über sexistisches Verhalten zu berichten.

1974 Simone wird zur Vorsitzenden der französischen Frauenrechtsliga ernannt.

1975 Simone tritt zum ersten Mal im französischen Fernsehen auf.
Sie erhält den Jerusalem-Preis für Schriftsteller, die sich für die Freiheit des Individuums einsetzen.
Sie liefert den Kommentar zu einem Film über das Alter.

1978 Josée Dayan und Malka Ribowska drehen ein Filmporträt über Simone de Beauvoir.

1979 Simones erste Kurzgeschichtensammlung mit dem Titel *Quand prime le Spirituel (Marcel, Chantal, Lisa...)* erscheint.

1980 Am 15. April stirbt Sartre. Simone verfällt in eine tiefe Depression, die sie nur zum Teil durch ihre Arbeit lindern kann.

1981 *La Cérémonie des adieux (Die Zeremonie des Abschieds und Gespräche mit Jean-Paul Sartre)* kommt heraus.
Nelson Algren stirbt.

1983 Simone gibt Briefe unter dem Titel *Lettres au Castor et à quelques autres (Briefe an Simone de Beauvoir und andere)* heraus.

1984 Claude Chabrols Film nach Simones zweitem Roman – *Le Sang des autres* – hat in Paris Premiere. Sie hat kein Bedürfnis, ihn zu sehen.

1986 Simone de Beauvoir stirbt am 14. April in Paris.

Anmerkungen

Abkürzungen

A	*Das Alter*
AA	*Alles in allem*
BA	*Das Blut der anderen*
BJ	*In den besten Jahren*
DAG	*Das andere Geschlecht*
LD	*Der Lauf der Dinge*
MD	»Für eine Moral der Doppelsinnigkeit«
MP	*Die Mandarins von Paris*
SBH	*Simone de Beauvoir heute*
ST	*Ein sanfter Tod*
TGH	*Memoiren einer Tochter aus gutem Hause*
WSB	*Die Welt der schönen Bilder*

Die genauen bibliographischen Angaben sind dem Literaturverzeichnis in diesem Band zu entnehmen.

1 Die Tochter aus gutem Hause

1 *ST,* S. 36
2 *TGH,* S. 44
3 Ebd., S. 41
4 *ST,* S. 38/39
5 *TGH,* S. 39
6 Ebd., S. 83
7 Ebd., S. 169/170
8 Ebd., S. 193

2 Eine notwendige Liebe

1 *TGH,* S. 285
2 Ebd., S. 321
3 Ebd., S. 323
4 Ebd., S. 326
5 Ebd., S. 327
6 Ebd., S. 330
7 Ebd., S. 331
8 *BJ,* S. 23
9 Ebd., S. 23
10 Ebd., S. 57/58
11 Ebd., S. 58
12 Ebd., S. 69
13 Ebd., S. 69
14 Ebd., S. 69/70

3 Literatur als Erlösung

1 *BJ,* S. 49
2 Ebd., S. 56
3 Ebd., S. 90
4 Ebd., S. 118
5 Zit. nach Claude Francis/Fernande Gontier, *Simone de Beauvoir,* Reinbek 1989, S. 153/154
6 *BJ,* S. 136/137
7 Ebd., S. 158/159
8 Ebd., S. 205/206
9 Ebd., S. 208
10 Ebd., S. 221
11 Ebd., S. 268
12 Ebd., S. 289
13 *DAG,* S. 624/625
14 *BJ,* S. 310
15 Ebd., S. 310

4 Die Ethik des Existentialismus

1 *BJ,* S. 315/316
2 Ebd., S. 399

3 Ebd., S. 399
4 Ebd., S. 403
5 MD, S. 80
6 *BA,* S. 176
7 Ebd., S. 221/222
8 *LD,* S. 12
9 Ebd., S. 21
10 Ebd., S. 21

5 Ein Leben als Frau

1 *DAG,* S. 265
2 Ebd., S. 10/11
3 Ebd., S. 70
4 Ebd., S. 70
5 Ebd., S. 154
6 Ebd., S. 194
7 Ebd., S. 194
8 Ebd., S. 505/506
9 Ebd., S. 594
10 Ebd., S. 611
11 Ebd., S. 628
12 Ebd., S. 640
13 Ebd., S. 652
14 Ebd., S. 681
15 Ebd., S. 669/670
16 *LD,* S. 189
17 Ebd., S. 189
18 Ebd., S. 184
19 Ebd., S. 185
20 Ebd., S. 189
21 Ebd., S. 190
22 Ebd., S. 190
23 Ebd., S. 74
24 Ebd., S. 129
25 *MP,* S. 293
26 Ebd., S. 296
27 *LD,* S. 129
28 Ebd., S. 135

29 Ebd., S. 126/127
30 Das Zitat wurde aus der englischen Ausgabe des vorliegenden Bandes übersetzt, weil der Originaltext von Algren nicht zur Verfügung stand. (S. 110)
31 S. Fußnote 30 (S. 110/111)
32 S. Fußnote 30 (S. 111)

6 Intellektuelles Engagement

1 *LD,* S. 138
2 Ebd., S. 197
3 Ebd., S. 260
4 *MP,* S. 44
5 Ebd., S. 44
6 Ebd., S. 316
7 *LD,* S. 247
8 Ebd., S. 275
9 Ebd., S. 277
10 Ebd., S. 314
11 Ebd., S. 334
12 Ebd., S. 328
13 Ebd., S. 355
14 Ebd., S. 351

7 Ein vorbildliches Leben

1 *LD,* S. 609
2 *AA,* S. 7/8
3 *BJ,* S. 512
4 *LD,* S. 430
5 Ebd., S. 432
6 Ebd., S. 618
7 Ebd., S. 620
8 Ebd., S. 621/622
9 *ST,* S. 34
10 *AA,* S. 71
11 Ebd., S. 131
12 Ebd., S. 133

8 Ein radikales Alter

1 *A*, S. 240
2 Ebd., S. 240/241
3 Ebd., S. 9
4 Ebd., S. 464
5 *AA*, S. 406
6 Ebd., S. 411
7 Ebd., S. 360
8 Ebd., S. 425/426
9 Ebd., S. 436
10 Ebd., S. 440
11 Ebd., S. 444
12 Ebd., S. 449
13 Ebd., S. 449
14 Ebd., S. 450
15 Ebd., S. 461
16 Ebd., S. 462
17 *SBH*, S. 26
18 Ebd., S. 29/30
19 Ebd., S. 77/78

Auswahlbibliographie

1. Werke von Simone de Beauvoir

Romane

L'Invitée, Paris (Gallimard) 1943, dt.: *Sie kam und blieb,* Übers. von E. Rechel-Mertens, Hamburg (Rowohlt) 1953

Le Sang des autres, Paris (Gallimard) 1945, dt.: *Das Blut der anderen,* Übers. von K. Rheinhold, Reinbek (Rowohlt) 1963

Tous les Hommes sont mortels, Paris (Gallimard) 1945, dt.: *Alle Menschen sind sterblich,* Übers. von E. Rechel-Mertens, Stuttgart (Rowohlt) 1949

Les Mandarins, Paris (Gallimard) 1954, dt.: *Die Mandarins von Paris,* Übers. von R. Ücker-Lutz und F. Montfort, Hamburg (Rowohlt) 1955

Les belles Images, Paris (Gallimard) 1966, dt.: *Die Welt der schönen Bilder,* Übers. von H. Stiehl, Reinbek (Rowohlt) 1968

Quand prime le Spirituel, Paris (Gallimard) 1979, dt.: *Marcelle, Chantal, Lisa... Ein Roman in Erzählungen,* Übers. von U. Aumüller, Reinbek (Rowohlt) 1981 (rororo. 4755)

Erzählungen

Une Mort très douce, Paris (Gallimard) 1964, dt.: *Ein sanfter Tod,* Übers. von P. Mayer, Reinbek (Rowohlt) 1965

La Femme rompue (»L'Âge de discrétion«, »Monologue«, »La Femme rompue«), Paris (Gallimard) 1967, dt.: *Eine gebrochene Frau,* Übers. von U. Hengst, Reinbek (Rowohlt) 1969

Dramen

Les Bouches inutiles, Paris (Gallimard) 1945

Essays und Reportagen

Pyrrhus et Cinéas, Paris (Gallimard) 1944, dt.: »Pyrrhus und Cineas«, in: *Soll man de Sade verbrennen?* Übers. von A. Zeller, München (Szczesny Verlag) 1964

Pour une Morale de l'ambiguïté, Paris (Gallimard) 1947, dt.: »Für eine Moral der Doppelsinnigkeit«, in: *Soll man de Sade verbrennen?* Übers. von A. Zeller, München (Szczesny Verlag) 1964

L'Existentialisme et la sagesse des nations, Paris (Nagel) 1948, dt.: *Auge um Auge. Artikel zu Politik, Moral und Literatur 1945–1955,* Übers. von E. Groepler, Reinbek (Rowohlt) 1987

L'Amérique au jour le jour, Paris (Paul Morihien) 1948, dt.: *Amerika – Tag und Nacht,* Übers. von W. Wallfisch, Hamburg (Rowohlt) 1950

Le deuxième Sexe, vol. I »Les Faits et les mythes«; vol. II »L'Expérience vecue«, Paris (Gallimard) 1949, dt.: *Das andere Geschlecht. Sitte und Sexus der Frau,* Übers. von E. Rechel-Mertens und F. Montfort, Hamburg (Rowohlt) 1951

Privilèges, Paris (Gallimard) 1955, dt. daraus: »Soll man de Sade verbrennen?« Übers. von A. Zeller, München (Szczesny Verlag) 1964

La longue Marche. Essay sur la Chine, Paris (Gallimard) 1957, dt.: *China – das weitgesteckte Ziel,* Übers. von K. v. Schab und H. Studniczka, Hamburg (Rowohlt) 1958

Brigitte Bardot and the Lolita Syndrome, London (Deutsch, Weidenfeld and Nicolson) 1960; auch in: *Esquire,* August 1959, S. 32 f., dt.: »Brigitte Bardot – ein Symptom«, in: *Frankfurter Allgemeine Zeitung,* 12. September 1959

Djamila Boupacha. En collaboration avec Gisèle Halimi, Paris (Nagel) 1962, »Que peut la littérature?« Réponse de Simone de Beauvoir dans la Collection L'INEDIT (10/18), Paris (Union générale d'éditions) 1965

La Vieillesse, Paris (Gallimard) 1970, dt.: *Das Alter,* Übers. von A. Aigner-Dünnwald und R. Henry, Reinbek (Rowohlt) 1972

La Cérémonie des adieux, Paris (Gallimard) 1981, dt.: *Die Zeremonie des Abschieds und Gespräche mit Jean-Paul Sartre,* Übers. von Uli Aumüller und Eva Moldenhauer, Reinbek (Rowohlt) 1983

Der Wille zum Glück. Simone de Beauvoir Lesebuch, hrsg. von Sonia Mikich, Reinbek (Rowohlt) 1986

Kritik, Übersetzung, Vorwort

»La Phénoménologie de la perception de M. Merleau-Ponty«, in: *Les Temps Modernes* 2, November 1949, S. 363–367

»Trop de Sel sur les bretzels«, Von Nelson Algren, Übers. von S. d. B. in: *Les Temps Modernes* 36, September 1948

»Les Structures élémantaires de la parenté par Cl. Lévi-Strauss«, in: *Les Temps Modernes* 49 (1949), S. 495 f.

Le »Planning« Familial von M.-A. Weill-Halle, Vorwort von S. d. B. Paris (Maloine) 1959

La grande Peur d'aimer von M.-A. Weill-Halle, Vorwort von S. d. B. Paris (Julliard) 1960

La Bâtarde von Violette Leduc, Vorwort von S. d. B. Paris (Gallimard) 1960 – dt. in: Violette Leduc, *Die Bastardin,* Reinbek (Rowohlt) 1978 (rororo. 4179)

Treblinka von Jean-François Steiner, Vorwort von S. d. B. Paris (Arthème Fayard) 1966

»Naissance des Temps Modernes«, in: *Les Temps Modernes* 471 (1985), S. 351–353

Film

Sartre. Von Alexandre Astruc und Michel Contat unter Mitwirkung von Simone de Beauvoir und anderen, 1978 – Als Buch: *Sartre. Ein Film,* dt.: L. Birk, Reinbek (Rowohlt) 1978 (das neue buch. 101)

Le Sang des autres. Nach dem gleichnamigen Roman von Simone de Beauvoir. Frankreich–Kanada 1984. Regisseur: Claude Chabrol, mit Jodie Foster, Michael Outkean, Lambert Wilson

2. Lebenszeugnisse

Mémoires d'une jeune fille rangée, Paris (Gallimard) 1958, dt.: *Memoiren einer Tochter aus gutem Hause,* Übers. von E. Rechel-Mertens, Reinbek (Rowohlt) 1960

La Force de l'âge, Paris (Gallimard) 1960, dt.: *In den besten Jahren,* Übers. von E. Soellner, Reinbek (Rowohlt) 1961

La Force des choses, Paris (Gallimard) 1963, dt.: *Der Lauf der Dinge,* Übers. von P. Baudisch, Reinbek (Rowohlt) 1966

Tout Compte fait, Paris (Gallimard) 1972, dt.: *Alles in allem,* Reinbek (Rowohlt) 1972

»Aujourd'hui Julien Sorel serait une femme«, in: *France Observateur* 514, 10. März 1960, S. 14
»Où en est la Révolution Cubaine (Fidel Castro)?«, in: *France Observateur* 518, 7. April 1960, S. 12 f.
»Gespräch mit Madeleine Chapsal«, in: M. Chapsal, *Les Écrivains en personne,* Paris (Julliard) 1960
»Gespräch mit Madeleine Gobeil«, in: *Paris-Review,* Juni 1965 – Abdruck in D. Julienne-Caffié, *Simone de Beauvoir,* Paris (Gallimard) 1966, S. 211–218
»Zwei Gespräche mit Francis Jeanson«, in: F. Jeanson, *Simone de Beauvoir ou l'entreprise de vivre,* Paris (Aux Éditions du Seuil) 1966, S. 251–298
»La Femme révoltée«, Interview mit Alice Schwarzer, in: *Nouvel Observateur* 379, 19./20. Februar 1972, S. 47–54 – dt.: *Ich bin Feministin,* in: Alice Schwarzer, *Simone de Beauvoir heute. Gespräche aus zehn Jahren 1971–1982,* Reinbek (Rowohlt) 1983
»Simone de Beauvoir interroge Jean-Paul Sartre«, in: *Simone de Beauvoir et la lutte des femmes,* in: *L'Arc* 61, 1975
»Das Ewig Weibliche ist eine Lüge«, Interview mit Alice Schwarzer, in: *Der Spiegel* 15 (1976), S. 190 f. – Neuausg. in: A. Schwarzer, *Simone de Beauvoir heute. Gespräche aus zehn Jahren 1971–1982,* Reinbek (Rowohlt) 1983
Simone de Beauvoir, Filmporträt von Josée Dayan und Malka Ribowska, Text des Films, Paris (Gallimard) 1978
Sartre, Jean-Paul, *Lettres au Castor et à quelques autres,* Paris (Gallimard) 1983, dt.: *Briefe an Simone de Beauvoir und andere,* hrsg. von Simone de Beauvoir, Band I: 1926–1939, Reinbek (Rowohlt) 1984 (rororo. 5424) – Band 2: 1940–1963, Reinbek (Rowohlt) 1985 (rororo. 5570)

3. Auswahlbibliographie zu Simone de Beauvoirs Leben und Werk

Bücher

Beauvoir, Simone de, *Les écrits de Simone de Beauvoir* (Sammlung bisher unveröffentlichter Texte, hrsg. v. Claude Francis u. Fernande Gontier), Paris 1979
Cohen-Solal, Annie, *Sartre,* Paris 1985, dt.: *Sartre. 1905–1980,* Reinbek 1988

Evans, Mary, *Simone de Beauvoir: A Feminist Mandarin,* London 1985, dt.: *Simone de Beauvoir. Ein feministischer Mandarin,* Rheda-Wiedenbrück 1986
Francis, Claude/Gontier, Fernande, *Simone de Beauvoir,* Paris 1985, dt.: dass., Reinbek 1989
Hayman, Ronald, *Writing Against,* London 1986, dt.: *Jean-Paul Sartre. Leben und Werk,* München 1988
Okely, Judith, *Simone de Beauvoir: A Re-reading,* London 1986
Sartre, Jean-Paul, *Les Carnets de la drôle de guerre,* Paris 1983, dt.: *Tagebücher November 1939 bis März 1940,* Reinbek 1984
Schwarzer, Alice, *Simone de Beauvoir heute,* Reinbek 1986
Whitmarsh, Ann, *Simone de Beauvoir and the Limits of Commitment,* Cambridge 1981

Werke mit Kapiteln über Simone de Beauvoir

Mitchell, Juliet, *Psychoanalysis and Feminism,* Harmondsworth 1975, dt.: *Psychoanalyse und Feminismus: Freud, Reich, Laing und die Frauenbewegung,* Frankfurt am Main 1976
Oakley, Ann/Mitchell, Juliet, *The Rights and Wrongs of Women,* Harmondsworth 1976
Wilson, Elizabeth, *Hidden Agendas,* London 1986

Personenregister